Critical Thinking

交 界 译 丛

批判性思维

如何教授与养成

Critical Thinking

〔美〕乔纳森·哈伯 著

王 聚 译

商务印书馆
The Commercial Press

Jonathan Haber

CRITICAL THINKING

Cambridge, MA: MIT Press, 2020

根据麻省理工学院出版社2020年版译出

涵芬楼文化出品

献给我的母亲和父亲，他们教会我思考。

译者序

一念天堂，一念地狱。思维塑造着个体对世界的理解，影响着个人采取的行动，甚至拨弄着个体命运的轮盘。在这个信息爆炸的时代，我们每天都被海量的信息、看法和观点所包围。从社交媒体上的热点话题到新闻报道中的重大事件，从朋友间的饭后闲聊到专家的学术讲座，我们无时无刻不在接收和处理信息。面对这些信息，我们是否具备准确判断真伪和评估价值的能力呢？如果我们误信了谣言和偏见，是否会进一步加深我们的无知？是否会在不经意间做出错误的决策？为了应对上述问题，作为信息的处理者和决策的执行者，学习批判性思维是很有必要的。

此外，批判性思维不仅是生活技能，也是高等教育的构成部分。高等教育的核心是培养具有深厚专业知识、广泛文化素养和独立思考能力的人才。知识积累固然重要，但更关键的是个人的思维能力、创新能力和实践能力。批判性思维所强调的理性分析、逻辑推理和独立思考等能力，正是高等教育所追求的目标之一。高等教育不仅希望学生能够掌握专业知识，更希望他们能够运用这些知识去分析问题、解决问题，并在此过程中展现出独立思考和创新能力。从这个角度来看，批判性思维与高等教育的理念不谋而合。高等教育鼓励学生不要只满足于表面的知识积累，而要深入挖掘各要素之间的关系，学会用批判性的眼光看待问题，从而培养出真正具有创造力和领导力的人才。

批判性思维，简单来说，是一种对信息进行理性分析和评估的能力。它不仅仅是对信息的简单接受或拒绝，它还要求通过对信息的来源、内容、逻辑结构等方面进行深入的剖析和推理，从而得出更为客观、准确的结论。这种思维方式的核心在于独立思考和理性判断，它能够帮助我们摆脱偏见和误导，更好地理解和应对复杂多变的世界。

读者手上的这本《批判性思维》出自乔纳森·哈伯之手。批判性思维是一个热门话题，在市面上有许多类似的图书，也各有特色。从体量上来说，本书篇幅不大，但是在有限的空间内，作者哈伯仍然呈现了与批判性思维关系最密切的三个大问题。

首先，作者向我们讲述了批判性思维的谱系学。这是一种比较独特的写法。把握一种观念的思想源流，有助于让我们了解批判性思维的观念是如何形成的，或者说让我们理解在不同的历史阶段，人们眼中的好的思考者应该具有什么能力。这种史海撷英式的笔法提到了古代哲学、文艺复兴、启蒙运动、认知科学与批判性思维的关系，这可以算是常规操作，但作者尤其展现了实用主义哲学和批判性思维之间的关系。比如在杜威那里，工厂式的教育模式扼杀了学生探索的能力，更好的模式则应该通过“公开和费力”的学习活动来促进学生的探索发现。新的学习模式应该始于向学生们提供怀疑，然后引导学生们用逻辑的方式消除这种怀疑。这种模式培养的学生具有自主思考意识，也有科学发现的能力。在此基础上，读者不妨结合当下时代背景进行一个延伸思考，在人工智能应用越来越广泛的当下，批判性思维的新的增长点又在哪里？这无疑是未来批判性思维教材谱系学的一个关注点。

其次，作者向我们讲述了养成批判性思维需要哪些知识、技能和个人品格。这是市面上标准的批判性思维教材必须涵盖的部分，也可谓是最内核的批判性思维工具。读者可以掌握很多硬核知识，而作者也很贴心地准备了很多图表和生活案例来增加阅读的直观性和趣味性。在技能这个维度上，作者提到了修辞对于推理的影响，并结合西方的一些经典修辞法（比如三分句）展开讲解。读者不妨在本书的启发下进一步思考中文的修辞对于推理有效性是否具有同样的影响，以及自己在平常生活中会如何受到中文修辞的影响而犯下逻辑谬误。

值得注意的是，作者略显“吝啬地”控制了第2章呈现内容的深度和广度，把更多的学习机会留给读者在附加资源中进一步寻找。这或许也符合作者在第1章提到的教学模式，先塑造怀疑，然后再留给读者排除怀疑的方向。对于个人品格，我想多说两句。这里的品格是认知主体的理智美德，而非道德美德。拥有理智美德的人更容易在认知领域取得卓越的成就，而批判性思维的目标之一就是让我们在认知领域臻至卓越。理智美德名目众多，比如理智谦逊、创造力、理智自主等等。这些理智美德除了需要认知主体对真理等认知之善展现出内在的渴望，还需要在求真过程中不断打磨各种追求真理的技巧。比如，理智谦逊的人要克服的是取得认知成就后忽视自己认知局限的危险。理智自主的人则是要避免在认知活动中完全依赖别人，从而缺乏自我引导和自我反思。本书作者没有提到，理智美德研究的大本营是当代知识论中的德性知识论（virtue epistemology），这一研究在国内外都属于一个热点。德性知识论学者们不仅在一般层面上回答理智美德的本质，还会围绕具体的理智美德展开研究。读者如果对这方面的内容感兴趣，可以进一步阅读德性知识论的相关文献。

最后，作者讨论了如何切实推进批判性思维的培养。这部分的受众更多是面向教授批判性思维的群体和宏观政策制定者，而不再局限于想学习批判性思维的个人。不难发现，作者内心有一个宏大的愿景，即让批判性思维尽可能惠及生活在当下世界中的个体，从而塑造更加理性与和谐的社会空间。在理想的图景中，我们期望个体以更细致和更优越的方式展开思考，我们期望社会能认可那些用批判性思维引导自己做出抉择的人。在末尾之处，作者展现了一种高度的乐观主义：如果我们齐心协力发展批判性思维，那么基于人类普遍拥有的理性，良好的理性能力对我们所有人来说都有好处。这也意味着，每个人的命运展开将更多获得理性之神的庇佑。

本书在写作风格上呈现言简意赅的特色。这样的写法有两个好处。一方面，批判性思维学习需要大量的背景知识和刻意练习。读者不能仅仅依赖一本导论性书籍中提到的一些基础想法，还需要进一步检索更专业的学科内容，获得更加聚焦的学科内批判性思维能力。另一方面，避免烦琐的细节可以让更多的读者在短时间内对更多内容产生好奇，从而激发培养批判性思维的兴趣和信心。正如作者所言，本书的读者受众广泛，可以是专职教师，可以是孩子的父母，也可以是任何一个想要自我启发、寻求真理的个体。

最后，希望各位读者在阅读本书时，不仅在学习批判性思维的技巧方面有所收获，也对批判性思维的思想层面加以反思，只有这样才能将批判性思维的精神真正贯彻到位。由于能力有限，本书翻译中或有不足的地方，敬请各位专家读者批评指正。

王聚

2025年3月6日

于上海

目录

前　言

2009年，在一次关于国家教育政策的演讲中，时任美 xi
国总统奥巴马提出了这样的挑战：

> 我呼吁我国的州长和各州教育负责人要制定这样的标准和评价：不要只是衡量学生是否能在考试中填空，而是要衡量他们是否具备解决问题的能力、批判性思维、创业精神和创造力等21世纪的技能。[1]

"共同核心"（Common Core）展现了这一国家要务。这是一套语言和数学标准，最初在美国的46个州实施。该标准把"培养学生迈向成功所需的批判性思维、解决问题的能力和分析技巧"视作优先事项。[2]

2000年，乔治·布什总统宣布了他执政期间的“美国2000”教育计划。该计划作为“目标：成人扫盲和终身学习”的一部分，表达了下述目标：“具有批判性思维、有效沟通和解决问题的高级能力的大学毕业生的比例将大幅增加。”[3]

xii 这些国家教育的要务和其他可以追溯到一个世纪前的倡议和研究项目，都强调了批判性思维的重要性。批判性思维是一种不同于一般智力或理智美德（例如深思熟虑和智慧）的思维方式。今天，世界各地的教育工作者和教育改革者经常宣称，死记硬背的学习模式必须让位于批判性思维教育，而具有批判性思维能力的人才是雇主最需要的雇员。

美国学院和大学协会在2013年的一份研究报告中展现了这一点。该报告指出，“超过75%的受访雇主表示，他们希望五个关键领域的能力能够受到进一步的重视。这五个领域包括：批判性思维、解决复杂问题、书面和口头沟通，以及在现实场景中应用知识”[4]。

2018年，由世界上经济最发达的一些国家组成的经济合作与发展组织（OECD）启动了一个项目。该项目研究如何教授和评估批判性思维，从而支持“越来越多的共识，即正规教育应该培养学生的创造力和批判性思维能力，帮助他们在以知识和创新为基础的现代全球化经济中取得成功”。[5]

全球经济的变化更倾向于个人创新，而不是大规模生产。这也引发了中国等国家对培养批判性思考者的兴趣。xiii 在中国，传统的教育体系侧重于权威教师传授经典文本。然而当下高等教育中的批判性思维课程挑战了传统的教育体系，虽然这类课程数量不多，但在不断增长。正如一位研究人员所观察到的那样，“在学术期刊和媒体上，批判性思维一词有时暗指一种摆脱策略，一种摆脱死记硬背的教育传统的策略”[6]。

除了经济方面的因素，我们关于“假新闻”和其他热点话题的政治争论也表明，能让我们找到真相并做出明智决定的推理能力很重要。2016年美国总统大选的一个后果是人们对选民的决策能力产生了危机感。纵观当今美国和世界大部分地区的政治特征，选民们能否不受情感判断和（或）部落主义的影响，通过理性做出选择呢？

正如上述例子所示，在当今世界中，“批判性思维”

在全球教育辩论中扮演了重要角色。培养批判性思考者的目标也为诸如制定全国学术标准等重大举措提供了新的内容。人们甚至可以断言，且不论对于人类物种生存的意义，仅是作为社会成员生存，获得和应用这项技能就已经至关重要。话虽如此，如果被问到，有多少人能回答这个问题：什么是批判性思维？

我将基于一系列的研究和实践经验来回答这个问题。
xiv 其中包括与雇主合作研究、评估、衡量批判性思维和其他认知技能的技术，以及将批判性思维原则纳入与数字素养教育相关的课程和评估。随着时间的推移，我想更广泛地应用批判性思维原则，因此创设了批判性选民（Critical Voter）这门课程[7]，配套有相关的教师资源。该课程借用2012年的总统选举案例，教授了本书中涵盖的许多批判性思维能力，如逻辑、论证、语言技能（包括有说服力的沟通）和控制偏见。

在批判性选民课发布给广大听众前，我给我的孩子们讲授“原型”课程来检验书中的原则。当这本手稿完成时，其中一个孩子就该上大学了。

从批判性思维的角度来说，我儿子上大学未必是个好消息。根据理查德·阿鲁姆和约西帕·罗斯卡在2011年的畅销书《学术漂流》中所述，“在大学的头两年里，学生在批判性思维、复杂推理和写作技能（即一般的大学技能）方面的收获非常少，或者对很大一部分学生来说，这样的经验根本不存在”[8]。尽管如此，根据作者引用的一份报告，“99%的大学教师表示，培养学生的批判性思维能力是本科教育‘非常重要’或‘必不可少’的目标”[9]。

无论是在学术媒体还是在大众媒体上,《学术漂流》 xv
对高等教育的讨论和辩论都产生了很大影响。这些影响表明，人们普遍认为一个缺乏批判性思维能力的世界是一个令人恐惧的世界。但为什么会这样呢？

在关于批判性思维的讨论中，无论是在学术界还是在更广泛的公众中，都有这样一个假设：知识本身不能帮助人们解决个人或社会所面临的问题。在过去的几十年里，我们看到了创造新知识的加速度。借助数字设备的忠实陪伴，信息获取的便利前所未有。然而，在个人和社会层面上，错误判断持续困扰着我们。

更糟糕的是，我们无法评估无数个口袋“亚历山大图书馆”中包含的信息的真实性和可信度。这意味着我们很在个人和社会层面上，错误判断持续困扰着我们。

可能相信虚假信息，并从这些“事实”中得出错误的结论。其中一些“事实”是别人主动提供的，这些人深谙人类推理中的缺陷，足以操控我们。

一些关于2016年美国大选的评论指出，许多美国人做决定是基于情感而非理性，这意味着公众并不具备批判性思维的能力，或者这种能力很容易短路。但人们不需要关注国家政治就能看到与缺乏批判性思维有关的问题。如果 xvii
我们能够训练我们的大脑来定位和评估证据，将证据放入结构中进行分析，并根据自苏格拉底和亚里士多德时代以来引导合理判断的规则做出选择，那么就可以避免多少冲动的消费、糟糕的职业选择、与所爱之人的不必要争论，以及其他个人问题呢？

控制偏见是一项重要的批判性思维技能，这本书自始至终都在讨论这个话题。我先分享一个信念，这个信念推动了我在这个领域的多年工作：当今世界面临的最重要的批判性思维问题是，没有足够多的人进行足够好的批判性思维。这一事实解释了为何本书强调如何教授、实践和评估批判性思维。

教导自己和他人成为批判性思考者需要在核心原则上

立定根基，所以我们将引导读者预览这本书的内容：

第1章是“批判性思维的谱系学”。本章在批判性思维所借鉴的学科背景下解释了这个术语的起源，如哲学、心理学和科学。本章介绍了“批判性思维”的早期定义。定义问题是该主题的讨论中经常出现的主题。我对讨论的贡献不是为我自己喜欢的定义进行游说，而是通过向读者介绍批判性思维的迷人起源来帮助读者们更好地理解这个概念。

第2章是“批判性思维的组成部分”。本章着眼于成为批判性思考者所需的知识、技能和个人品格。尽管批判性
xviii 思维教育者在内容选择和实践活动方面有很大的不同，但本章指出，对于批判性思考者的知识储备和实践技能仍然存在共识。

第3章是“批判性思维的定义、教授和评估”。本章从研究人员如何定义“批判性思维”，以及如何将这个概念融入更广阔框架的深入讨论开始。我认为，这些讨论包含着足够的洞察力，足以推动一个重要项目——增加世界上批判性思维的数量。本章的其余部分讨论如何做到这一点，并描述与教授和评估批判性思维有关的研究和实践。

教育工作者是本书的目标读者，而我对哪些人属于教育工作者的看法很宽泛。我认为教育工作者包括有幸全职教授这门学科的高等教育机构的教师，包括试图向学习数学、科学、阅读、写作、历史和其他任何需要高阶思维的学科的学生灌输批判性思维能力的K-12教师，也包括那些想要培养孩子独立思考的父母。最后，还包括身处任何一段教育旅程中的每一个人，无论是在课堂上还是自主学习。这些人都渴望更卓有成效的思考，渴望生活在一个凭借理性和深思熟虑做出决定的世界之中。

1

批判性思维的谱系学

有一种独特的思考形式，独特到足以被称作“批判的”，这一观念从何而来？ 1

随着培养批判性思考者成为教育中的一项优先任务，教师、政策制定者和研究人员试图以类似现有学科研究的方式去理解批判性思维。学习阅读和写作等技能的过程，以及学习数学、化学和生物学等学科的过程，都要通过循序渐进的方式掌握能力，以及理解构成每个学科的知识体系。举例来看，任何人学习化学都要了解该学科是如何被定义的（通常是按照字典定义的方式，比如“化学是一门处理物质的组成、结构、性质，以及物质的转化的科学”[1]）。在学习分子中的原子之间的化学反应如何让化学键 2
形成和断裂之前，他们还会了解原子和分子。

从本章开始，一些尝试刻画批判性思考者内涵的方案将会得到呈现。第2章专门描述各种构成批判性思维的元素，第3章重点讨论这些元素在定义、教授与评估批判性思维的背景下如何得到匹配与整合。

研究人员和教育工作者一致认为，批判性思考者应该掌握和行使的能力之一是从不同的角度看待一个问题，这就是为什么本章采用历史/谱系学方法来考察批判性思维的想法在何处、以何种方式起源，以及从那时起它是如何发展的。

批判性思维的观念从哲学开始。

哲　学

从公元前6世纪到公元前4世纪，发生了一场理智层面的大爆炸。这个世界中许多我们现在视为理所当然的方面由此获得了定义。在此期间，例如孔子开创了关乎个人行为和社会组织的规范理论，也就是今天所说的伦理学和政
3 治哲学。在同一时代，印度胜论派传统的实践者探索了关于实在本性的形而上学问题。

为了理解批判性思维的起源，我们需要关注柏拉图的学生亚里士多德的重要著作。

在西方，古希腊孕育了类似的理智萌芽。这是一片由类似雅典的小城邦领导的土地，也是西方哲学的发源地。

三个人物主宰着希腊哲学的起源故事。第一个是苏格拉底，他质疑成见并努力过一种“被审视的生活”，这些活动为他赢得了西方哲学之父的称号，也从他愤怒的雅典同胞那里招来了死亡的审判。苏格拉底没有留下任何著作，但其他人捕捉到了他的洞见，尤其是他的学生柏拉图，柏拉图的《对话录》中呈现的内容交织着自己与老师的想法。柏拉图创立了学园，这被认为是西方世界中的第一个哲学学派，也是杰出的亚里士多德曾经学习的地方。

这些古代思想家的思想是西方思想的基础，20世纪著名哲学家和数学家艾尔弗雷德·诺思·怀特海用一句话进行了总结，他将整个西方哲学传统描述为“柏拉图的一系列脚注”[2]。但是，为了理解批判性思维的起源，我们需要关注柏拉图的学生亚里士多德的重要著作。

要大致掌握亚里士多德和古典哲学，请记住当今我们
5 做出的哲学和科学之间的区别在古代世界并不存在。例如，最早的希腊哲学家（被称为前苏格拉底时期）的工作集中在物质世界的本质问题上。虽然他们的想法——比如

世界是由水、火或有生命的磁体构成——在今天看来很天真，这些思想家就像早期的物理学家一样，为自然现象提出了物理的解释，而不是魔法或宗教的解释。

亚里士多德扮演的一个角色是伟大的系统化哲学家，他为他自己和其他思想家所研究的广泛学科带来了秩序。事实上，今天的许多学术领域，如生物学和政治学，都是在亚里士多德分析和组织它们之后才成为不同的学科。

他通过搜集证据和例子来创建定义一个领域的系统，这一方法在当时是独一无二的。例如，亚里士多德对植物和动物的研究（他的学生亚历山大大帝从被征服的土地上带来了一些标本）引出了基于物理特征的分类系统。这是如今用来给生物分类的生物分类学的一个先驱。同样，在《政治学》一书中，亚里士多德将同时期政治实体的构成分类为政治组织的“标本”，然后将他的分类系统综合成一个定义政治学领域的结构。

亚里士多德在逻辑领域也有原创性工作，他介绍了信
息分类的系统、用于组织和分析逻辑论证的方法、推理错 6
误（谬误）的类型，以及下一章会提到的他在探索结构化思维时涉及的许多概念。同样，他在语言方面的著作《修

辞学》，揭示了用来表达观点和论证的单词和短语如何被选择和组织起来发挥说服作用。本书第2章也讨论了语言在批判性思维中发挥的作用。

亚里士多德的许多著作已经失传了几个世纪。然而，它们在不同时期被重新发现，随后与其他古典文本一起使用，帮助开启了理智探索的新时代。但是即使在他的具体语词没有被阅读的时候，他所产生的思想——尤其是逻辑和修辞方面的思想——也成为几个世纪以来教育的基石。

例如，古希腊人和罗马人的学校教育始于所谓的三艺（trivium），包括逻辑、修辞和文法（语言和写作）的学习。一旦掌握了这些科目，学生们就会转向由算术、几何、天文学和音乐构成的四学（quadrivium）。三艺和四学构成了古代世界的七大文科。虽然学科分类并不总是采纳三艺/四学框架，但在整个中世纪乃至现代，逻辑学和修辞学等学科发挥着持续影响，告诉人们何谓受教育的人。

7 20世纪80年代，我上大学的时候，一位教授开设了一门名为“四学”的课程。这门课是教授人文学科后面部分课程的现代进路。虽然类似的实验也发生在许多文科学校，但对三艺一类的学习兴趣在今天美国家庭教育运动的某些地区最为明显，在那里古典教育和宗教教育自由地结合在一起。这些对古代思想元素的小小认同，以及逻辑在每一次批判性思维的讨论中所扮演的角色，展现了“爱智慧”——哲学的定义——对那些并非只追求向学习者灌输知识的人具有持续的吸引力。

文艺复兴、科学革命和启蒙运动时代

从14世纪开始，欧洲上演的一系列理智和政治层面的动荡在思想层面引发的变革越来越多，这些变革为后来的批判性思维提供了关键要素。14世纪至17世纪的欧洲文艺复兴被认为是艺术、建筑和工程的繁荣时期。

在那个时代，米开朗基罗和达·芬奇等“文艺复兴时 8
期的人”不仅创造了艺术杰作，还引发了工程学方面的重大突破，比如城市防御工事和飞行器的早期设计。“文艺复兴”意为“重生”，这种理智独立的复兴的主要驱动力之一是希腊和罗马哲学经典作品的重新发现。这些经典作品有的是从欧洲修道院出土的，有的则是从摇摇欲坠的拜占庭帝国被走私到西方。[3]

这种科学思维的成功鼓励了人们摆脱宗教教条的束缚，以理性、科学的方式展开独立思考。

“科学革命”一词指的是15世纪开始的一段时期。通过新的探究方法，当时的数学和物理学取得了突破并获得了一些重大而有争议的发现，比如地球不是宇宙的中心。

对这段历史的通俗简写描述了欧洲的“黑暗时代”是如何结束的。在此期间，天主教会支配着人们的思想，但哥白尼和伽利略等勇敢的科学家坚持地球绕太阳运行而不是太阳绕地球运行的观点，并通过数学计算和科学观察证明了这一点。这种科学思维的成功鼓励了人们摆脱宗教教条的束缚，以理性、科学的方式展开独立思考。

像往常一样，真实的历史并没有如此简单。例如，早期科学家所反对的教会教条与古希腊哲学和科学有很大关系，就如同这些教条与《圣经》文本的关系一样。上帝是无限强大的、知识渊博的、善良的，或者天堂是一个与我 10
们的物理世界分离的完美领域的想法，在《希伯来圣经》或《新约》中鲜有佐证。但这种完美“形式”（forms）的观念在希腊哲学中盛行，尤其在柏拉图的作品之中。[4] 当罗马帝国在公元4世纪皈依基督教时，现存的罗马思想体系——其中许多是建立在希腊哲学原理之上的——融入了基督教的思想血脉。同样，古代科学在13世纪的教会思想中找到了家园，当时托马斯·阿奎那将新发现的亚里士多德著作与基督教神学相结合，为后来教会认可的关于世界运行方式的信念提供了哲学和科学的基础。

不幸的是，亚里士多德的硬科学和它所体现的自然观，缺乏他的逻辑学著作所拥有的持久影响力。在他的时代，亚里士多德的方法是从人类感官所能感知到的东西中推断真理，而不是把自然现象解释为上帝的杰作，该方法是一个巨大的理智突破。然而，举一个这种方法可能失败的例子：我们的感官经验告诉我们，太阳、月亮和星星在我们周围运动，但我们是静止的。这么看来，托勒密在公元2世纪提出的地心说不仅就感官经验来说符合直觉，而且根据从他那个时代到公元15世纪的科学来看也是有效的。

11 然而，托勒密的地心说并不能解释所有观察到的现象。例如，行星在夜空中古怪的运行轨迹就不符合这种世界观。这些理论和观察之间的不符启发了开普勒、哥白尼和伽利略这样的科学家，他们提出了另一种更符合所有观察和数据的日心说。然而，在这样做的过程中，他们所挑战的教条既来自亚里士多德和托勒密，也来自《圣经》。

从这个角度来看，科学革命可以不被看作是摆脱迷信，而是用一种科学范式取代另一种科学范式，这就像我们在20世纪看到的，爱因斯坦的相对论和量子力学推翻了牛顿的机械式宇宙观，或者说爱因斯坦至少表明了在研究非常快的对象（相对论）和非常小的对象（量子力学）时需要采取不同的进路。[5]

应该指出的是，日心说并没有一下子取代以地球为中心的宇宙观，即使对于科学家也是如此。这个理论需要解释，而这种解释最终是由艾萨克·牛顿提供的。牛顿研究出万有引力如何适用于所有物体，包括太阳和诸多行星，并提供了可以应用于天体运动的数学公式。牛顿体系的解释力使日心说更加完善，使其比托勒密的体系更简单，更准确地解释所观察到的现象。要用证据来证实观念，要找 12
到证据能够放入证明的机制（如牛顿力学），以及偏好简单而非复杂的解释，这些想法为一种新的科学方法提供了定义，其影响远远超出接受或放弃特定理论的范围。

哲学将在这种新科学方法的出现中发挥重要作用。如果说从文艺复兴到科学革命和启蒙运动[6]，科学和宗教之间的屏障是漏洞百出的，那么在这一时期，科学和哲学之在现代历史的绝大部分时间里，在科学领域工作的人不是被称为“科学家”，而是被称为“自然哲学家”。

间的区别并不存在。事实上，在现代历史的绝大部分时间里，在科学领域工作的人不是被称为“科学家”，而是被称为“自然哲学家”。

其中一个自然哲学家是哲学家和数学家笛卡尔，他对代数和几何做出了重大贡献，这两个领域都是今天数学和科学的基石，他还通过“彻底怀疑”的思想实验开创了现代哲学。笛卡尔的探究从质疑一切事物的实在性开始，包括他自己的感官知觉。探究的目的是确定到底有什么确定无疑为真的东西能留下来。他的回答是，他是一个思考的存在（引出了著名的“我思故我在”），这是基于这样一个论证：为了能从事思考，他必须作为一个思考的存在而存在。笛卡尔将他的思想扩展到科学领域，在诸如《谈谈正确运用自己的理性在各门学问里寻求真理的方法》①的著作中，他试图将科学奠基在与数学证明相关的确定性之上。 14

其他哲学家，如弗朗西斯·培根和大卫·休谟，则采取了不同的方法，他们强调经验证据而非抽象推理才是真

① 也就是笛卡尔的《谈谈方法》一书。——译者（本书脚注均为译者注，以圈码标出；原注以非圈码标出，排为书后注）

正知识的来源。笛卡尔这样的唯心主义者和休谟这样的经验主义者之间的争论，让人想起柏拉图的追随者和亚里士多德的追随者之间的古老争论。前者认为理性是真理的源泉，而数学是他们的理想型，后者则以基于证据的生物学领域为榜样。

要展开谈论后来的哲学家（如伊曼努尔·康德）如何弥合这一鸿沟超出了本书的范围（有关科学史、文艺复兴和启蒙运动的更多信息，请参阅本书“延伸阅读”），但从已经提到的例子中，读者可以开始看到概念是如何从哲学中诞生的，如证据的核心角色、对解释的需要（以机制和模型的形式）、怀疑论作为一种推进知识的手段，帮助催生了一种新的科学探究形式。

今天，世界各地的学生都在学习一种从这些争论中产
15 生的方法，即科学方法。使用这种技巧时，你提出一个问题和一个答案（称为“假设”），然后在你搜集证据来支持或反驳它的时候，把这个假设当作是暂定的。能够经受住这种审查的假设会成为“理论”。虽然该假设还没有被宣布为永远的、毫无疑问的真理，但已被认为是一个可以用作进一步探究的足够强韧的基础。

现代科学以精心设计的实验和正式的同行评议为特征。实验是用来检验假设的，而同行评议则是科学家们检查其他科学家生成的经验证据，试图复制他们的实验和发现，并以建设性的怀疑精神来处理解释和模型。这种推理形式（即假设-检验）在现代科学中臻至化境。虽然可以质疑我们教给学生的科学方法是否完全抓住了推动科学探索的“科学态度”[7]，也可以更深入地挖掘现代科学哲学家提出的关于当今科学方法局限性的问题[8]，但为了理解批判性思维，我们可以利用对科学方法的一般理解，来看看这种方法如何帮助我们在科学领域之外获得理解。

我们是否受到过这般教导：不管考虑的是什么主题，
要持有某种前提的信念，对信念进行诚实的检验，并在它
们与事实和观察不符时随时准备拒绝它们？别忘了决定投 16
票给谁并不需要昂贵和复杂的设备，就像选择买哪辆车不
需要正式的同行评审过程一样。但是，对这些问题展开批
判性思考确实要求你不要直接给出答案，而是提出一个答
案，测试它的合理性，并根据测试的结果得出结论。这种
方法被称为“像科学家一样思考”，但更准确的说法是，
包括科学家在内的所有批判性思考者所依赖的方法虽然脱

胎于现代科学的发展，但与生活的各个方面皆有关。

到了19世纪，在过去四个世纪发展起来的科学实践的基础上建立了新的学科，其中包括一门关于人类思维的学科：心理学。19世纪也是一个新的哲学流派——实用主义——诞生的时期，心理学和实用主义对于批判性思维概念的产生都发挥了重要作用。

心理学与实用主义

批判性思维研究者埃米丽·R. 莱引用了斯登伯格的研究成果，将心理学在批判性思维模式发展中的角色与哲学
17 和科学所扮演的角色进行了对比。她指出心理学家“倾向于关注人们实际的思考方式，而不是关注他们在理想条件下应该达到或能达到的思考方式”[9]。

心理学作为一个独特的领域出现在19世纪晚期。正如刚才所述，随着科学的发展，许多新的学科在这个时期诞生并获得界定。在此期间，西格蒙德·弗洛伊德普及了一种观念，即我们的思想是分裂的，情感和动物本能不断地与理性自我争夺主导地位。弗洛伊德的许多见解都受到了

虽然在今天的流行文化中不如弗洛伊德出名，但德国的威廉·冯特被认为是现代科学心理学之父。

质疑，甚至是猛烈的攻击，被认为是不科学的，甚至是不道德的。但他许多来自文学、哲学和宗教文本的洞见，仍然有助于阐明人们心理构成的理性和非理性方面。

虽然在今天的流行文化中不如弗洛伊德出名，但德国的威廉·冯特被认为是现代科学心理学之父，他用生理学等科学领域的实验方法补充了传统哲学中关于人类意识构成所做的推测。通过将实验对象对刺激反应的测量结果与通过精心设计的访谈搜集到的实验对象的反馈相结合，他创造的方法至今仍是当代心理学研究的基础。法国的皮埃尔·让内在运用科学方法研究心理方面发挥了类似的作
19 用。他的主要贡献之一是心理“倾向”的等级，从低级动物和人类共有的低级认知活动到人类特有的高级能力，如语言和符号推理。

在美国，威廉·詹姆斯教授——作家亨利·詹姆斯的哥哥——于1890年撰写了《心理学原理》，这是当时最具影响力的心理学著作之一，同时他还教授了哈佛大学的第一批心理学课程。

詹姆斯除了在基于科学原理的心理学研究中发挥重要作用外，还是美国哲学界的关键人物，他推广了一种名为

实用主义的思想流派（这被认为是唯一完全起源于美国的主要哲学流派），他把这种思想的发展归功于天才但古怪的查尔斯·桑德斯·皮尔斯。

实用主义认为，事物是由其实际效果而不是经验或形而上学的性质来定义的。例如，一把刀是锋利的，不是因为它的刃口的宽度或分有了某种柏拉图学说中锋利的理念。相反，是我们对刀的实际使用（比如切东西），而且仅仅是因为这一点，才定义了刀之锋利。同样，一幅画之所以美丽，是因为它对人的审美影响，而不是作品本身的任何内在品质。

实用主义哲学在批判性思维谱系中所扮演的角色源于皮尔斯对思考本身的实用主义分析，他认为思考不是心灵 20
或灵魂的属性，而是达到目的的手段。

这些观点见于1877年《大众科学月刊》上的文章《信念的固定》[10]，这也是皮尔斯出版的为数不多的作品之一。文中提出，怀疑激发了我们所有的思考，而我们所有人都在不断地产生或大或小的信念以消除怀疑带来的不适。有了这个前提，作者描述了信念在我们脑海中得以固定的四种方式。一种是先验的方法，它要求我们相信或继续相信那些让自己舒服的事情。或者，一个人的信念可以由权威确立，比如牧师或社会规范，这些权威规定了哪些思想和观念是被允许的，哪些是被禁止的。这种权威经常受到有自由精神的人的挑战，很多这样的人通过坚韧不屈的方式获得信念。坚韧不屈体现在确立一个信念体系，并不惜一切代价坚持下去，不管它是对还是错。

虽然这三种固定信念的方式（先验、权威和坚韧）都有可取之处，但没有一种方法是获得真理的唯一方式。如果获得真理是你的目标，皮尔斯建议将科学作为一种模式。即使进行了越来越多的实验，积累了越来越多的证据，离可能为真的想法越来越近，该模式始终将信念视为有条件的。

21 虽然皮尔斯和詹姆斯在美国思想史上发挥了重要作用，但将这些洞见构建为批判性思维的首次具体运用，却是另一位在教育领域工作的实用主义哲学家约翰·杜威完成的。

约翰·杜威

从19世纪90年代到1930年，杜威先后在纽约的芝加哥大学和哥伦比亚大学任教，他被认为是20世纪最重要的公共知识分子之一。和威廉·詹姆斯一样，杜威是一位实用主义哲学家，也是早期人类心理学理论的主要贡献者。

到了现在，杜威在教育领域最为人所知。他的进步式教育模式主张，学生应该通过以发现为基础的活动来学习，而不是通过老师的解释和死记硬背的练习来学习。这一模式使他成为和意大利的玛丽亚·蒙特梭利（Marin Montessori）与奥地利的鲁道夫·斯坦纳（Rudolf Steiner）一样的教育先驱之一，他们的思想仍然影响着世界各地的蒙特梭利和华德福学校①。

从杜威时代开始，进步派和传统派之间的争论一直延
续至今。[11]虽然像杜威、蒙特梭利和斯坦纳这样的思想家在 22
学生何时应该学习阅读等问题上存在分歧，但进步派一致认为，孩子们的心灵不应该被当作白纸，任由权威人士在上面书写。相反，孩子们的心灵应该被视为好奇的引擎，

① 斯坦纳将其教育哲学建立在这样的观念上：我们每个人都具有改变世界的力量。他坚信要培养孩子的各个方面。华德福学校的教学理念旨在培养每个孩子的思想、身体和灵魂。根据《纽约时报》的报道，目前美国有125所华德福学校，全球超过3000所。

能够创造自己的理解。原因在于，老师们毕竟只能提供指导，而不能给出所有的答案。

杜威的大部分作品，包括他在整个20世纪的政治中所扮演的主要角色，都反映出他对民主的深刻信仰，近乎宗教信条的信仰。民主社会需要公民能够在自己的生活和政治中发挥主导作用，其中包括知悉并了解如何系统地、合乎逻辑地处理问题。

杜威最著名的著作《民主与教育》[12]阐述了如何组织美国的教育体系来培养具有民主精神的公民。但要理解他希望这样的公民做什么，我们首先需要看看他早在1910年出版的著作《我们如何思维》[13]。

《我们如何思维》基于一种心理学上的洞见，这种洞见来自以皮尔斯为理论先驱的实用主义思想。该洞见认为怀疑是一种会引发内脏疼痛的心灵状态，人们愿意不惜一切代价来消除这种疼痛，而思考正是消除怀疑的一种手段。

摆脱怀疑的欲望为婴幼儿的行为和无与伦比的学习能力提供了解释，他们天生的好奇心使他们利用任何可用的
23 能力——触摸、运动、语言——来理解周围的世界。

但是，正如皮尔斯在《信念的固定》中所说，有多种驱散怀疑的方式，有些方式不如其他方式有建设性。例如，相信自己听到的第一个解释，接受自己感到舒服的观点，或者接受权威人士提供的答案，这些方式都能消除怀疑。

杜威认为，在他（和我们）那个时代，工厂式的教育模式是教师提供答案，并确保学生只能通过练习和考试的方式来记答案。杜威认为，这种形式的学习扼杀了探索能力，相反应该通过“公开和费力”的学习活动来促进学生的探索发现。正如他在《我们如何思维》一书中所描述的那样，问题在于“如果某些活动被（传统）学校接纳，那么这种接纳是对偶尔从持续的智力工作的压力中解脱出来的必要性的不情愿让步，或者是对外界对学校的功利主义要求的喧嚣的让步”[14]。

与此同时，杜威批评了那些把以发现为基础的活动本身视为目的的进步教育家：“另一个极端是一种狂热的信仰，即相信任何一种活动，只要它是一种活动而不是被动地吸收学术和理论材料，就都具有近乎神奇的教育功效。”[15]

批评者认为基于活动的学习是无结构和无纪律的，杜 24

威对此类批评的答复是定义有效学习活动的特征，而不是计划不周密时就执行所谓的进步原则，这些原则认为任何消除了以教师为课堂中心的传统元素的活动都具有内在的优越性。[16]

根据杜威的观点，有效的学习活动始于向学生提供在他们头脑中产生怀疑的实例，例如没有明显解决方案的不明确问题。如果结合每个孩子感兴趣的主题则效果尤为显著。一旦这种怀疑被灌输，教师的责任就是引导学生用逻辑的方式消除这种怀疑。

杜威没有使用"逻辑"一词来描述从亚里士多德到杜威同时代的哲学家所发展出的形式的逻辑系统。相反，在《我们如何思维》中，这个术语指的是一种受科学启发的推理方法。该方法提出一个解决方案，但在搜集到证据并验证第一次给出的答案之前，无论检验的结果是证实还是证伪，该方法都会把解决方案视作暂定的。如果被证明为假，一连串类似的思想实验将继续进行，最终促成深入和终身的学习。

杜威将这种推理模式称为"反思性思维"，并将其概括为"针对任何信念或假定的知识，围绕支持它的理由和它所支持的进一步结论展开的主动的、持续的和仔细的考察”。[17]

虽然其他作者最终会用“批判性”代替“反思性”， 25
但杜威提供了你将在本书中遇到的批判性思维的诸多定义中的第一个定义，并且所有关于该主题的后续工作都可以视为与《我们如何思维》中首次提出的观念的对话。

在理解教育、人类发展和行为方面的进展

在芝加哥大学实验学校，杜威将他的想法付诸实践。或者以更符合他的信念体系的话来说，他对这些想法加以检验。这是一所他参与创建的K-12教育机构，至今仍存在。

与蒙特梭利和华德福学校一样，在20世纪，像实验学校这样的K-12机构围绕着进步的教育实践建立起来，影响着大众教育的工厂模式，但从未取代这种模式。当时，为了容纳来自多样化背景的更多学生，全世界的公立学校系统都在不断扩大。但是，正如杜威的思想于21世纪在教育工作者中开枝散叶，《我们如何思维》中的概念也持续发

展，得到来自不同领域的想法的补充，这些想法影响了今
26 天对批判性思维的定义和方法。

其中一些工作由来自从事教育工作的学者完成。其中包括爱德华·格拉泽，他在1941年为哥伦比亚师范学院撰写的论文《发展批判性思维的实验》中开创了批判性思维的第一个多方面定义。格拉泽的定义包括三个组成部分："（1）围绕个人经验范围内的问题和主题，倾向于以深思熟虑的方式展开思考的态度，（2）拥有逻辑探究和推理方法的知识，以及（3）应用这些方法的一些技能。"[18]同年，格拉泽和一位师范学院教授古德温·沃森发表了《沃森－格拉泽批判性思维测试》。该测试建立在沃森早期评估复杂心理属性的工作基础之上，并且至今仍以沃森－格拉泽批判性思维评估法（Watson-Glaser Critical Thinking Appraisal）的名字存在。[19]

另一个旨在将科学原理应用于我们的思维方式的工具是布鲁姆的分类法。该分类法发表于1956年，并将教育目标组织成心理复杂程度的层次结构。[20]这种分类法最初是为了帮助美国高等教育系统的教师应对战后的快速扩张而发明的，它在美国国内外的各个年级都得到了广泛的应用。

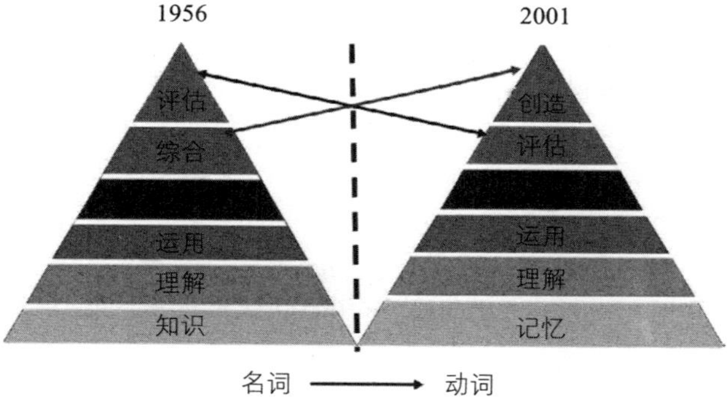

图1　莱斯利·欧文·威尔逊供图（2001）。参见网址https://thesecondprinciple.com/teaching-essentials/beyond-bloom-cognitive-taxonomy-revised/。

正如图1所示，布鲁姆分类法的原始版本在金字塔 27
的底部以“知识”开头，然后是“理解”“运用”“分析”“综合”和“评估”。如图所示，2001年做的更新将“创造”（或“创建”）放在列表的首位，同时还做了其他添加和修改，这些更正反映了对人类如何获得、学习和处理信息的新思考。

如果说人类心灵的白板模型在20世纪初开始分崩离析，那么到20世纪中叶，随着心理学家对我们的大脑如何

发育和工作有了新的认识，它已经完全崩溃。例如，在发
28 展心理学中，瑞士的让·皮亚杰等研究人员通过对儿童的长期研究了解到，人类的身体、情感和智力发展会在不同的阶段进行，因此在年轻人成长的适当阶段培养他们的特定能力才能更有成效。

20世纪也是一个外科技术和医疗技术进步的时代，人们可以直接接触到隐藏在所有思维（无论是批判性的还是非批判性的）背后的器官，即人脑的运作。例如，外科医生挽救严重脑损伤患者的能力，有助于将特定大脑区域的作用分离出来，使科学家能够研究那些在一个或多个大脑区域失去功能的人的行为和能力。同样，一些技术进步使医生能够更长时间地保证病人的安全，这也为监测手术台上病人的大脑活动创造了机会。

几十年来，磁共振成像（MRI）和脑电图（EEG）分析等侵入性较小的医疗技术使研究人员能够在大脑执行任务时“看到”大脑的物理和电活动。像发展心理学一样，脑科学这一新领域提供了关键的洞见，比如与记忆编码和检索有关的物理过程。这些洞见很重要，有助于理解我们如何思考。

对大脑运作的研究也有助于为基于大脑工作方式的证据建立的教学方法提供信息。例如，杜威发现，那些需要 29
学生建立在他们已经理解的信息和观念基础上的活动取得了巨大成功，而对记忆形成的研究为建立在先前学习基础上的活动的有效性提供了科学证据。[21]

还有另外两位先驱对人类心理的运作贡献了进一步的珍贵洞见，他们就是以色列心理学家丹尼尔·卡尼曼（Daniel Kahneman）和阿莫斯·特沃斯基（Amos Tversky）。他们在20世纪60年代和70年代进行的开创性研究对理性本身的有效性和稳定性提出了质疑。

自亚里士多德时代以来，人们普遍认为，人类与其他动物的根本区别在于理性能力。基于这样的理解，非理性的人类行为被归因于我们的情感或原始动物本能压倒了理性。但是，通过一系列有趣的实验，卡尼曼和特沃斯基证明了我们的推理在几个重要方面存在缺陷。

事实证明，人类的大脑并没有将理性的全部力量应用于每一种情况，而是通过走捷径来更有效地管理来自我们感官的信息流，并将这些信息转化为做决定的理解基础。这些捷径很可能是自然选择的结果，可以被称为“启发人类的大脑并没有将理性的全部力量应用于每一种情况，而是通过走捷径来更有效地管理来自我们感官的信息流，并将这些信息转化为做决定的理解基础。

法”。例如，在没有令人信服的证据的情况下，那些相信灌木丛中的沙沙声意味着附近有捕食者的原始人，比那些选择逃跑或留下前还要做进一步调查的原始人更具有进化优势。

但同样的启发法也会产生导致理性失效的偏见。正如 31
卡尼曼在他的畅销书《快思慢想》中所描述的那样，有一种偏见被称为“锚定效应”（The Anchoring Effect）。

> 人们在预估未知数量之前考虑该数量的特定值时会发生锚定效应。如果你被问到甘地去世时是否超过114岁，你对他死亡年龄的预估会比锚定35岁的问题的预估要高得多。如果你考虑买房子应该付多少钱，你会受到要价的影响。同样的房子，如果挂牌价高，即使你决心抵制这个数字的影响，房子还是会显得比挂牌价低时更有价值。当你面临一个预估性问题并被要求把某数字当作可能的答案加以考虑时，任何数字都会引起锚定效应。[22]

其他的例子包括**可得性启发法**（the availability heuristic），

它使人们偏好基于容易想到的比较来做出选择。例如，一个人选择上哪所大学可能受到最近与朋友谈论他或她在那所学校的经历的谈话的影响，而不是受到更早之前做的详
32 细比较研究的影响。**情感启发法**（the affect heuristic）将体验与情绪状态联系起来——后者通常与体验本身无关。例如，人们可能更倾向于根据最近的快乐或悲伤的经历，而不是根据当天输赢的概率来购买彩票。

由这些启发法产生的偏见可能看起来像是视错觉的心理等价物[23]，但就批判性思维而言，它们绝不是无辜的。举一个最明显的例子，“确证偏见”（confirmation bias）指的是人类倾向于接受与我们现有信念相符的信息，拒绝与这些信念相冲突的信息。许多非理性行为和部落主义行为让当今世界备受困扰，而这种偏见可以被视作上述行为的主要原因。

偏见的存在意味着展开批判性思考不仅要理解逻辑等思维工具，以及由于使用这些工具开发出来的技能，还要理解我们的推理能力会遭受到的偏见，并训练自己反思和控制这些缺点。

转折点？

1983年，高等教育系统中批判性思维技能的教学出现了一个“大爆炸”时刻。加州州立大学系统要求所有学生 33
在毕业前要完成一门批判性思维课程，这门课程将帮助他们培养“对于语言之于逻辑关系的理解，由之而来的分析、批评和支持观点的能力，进行归纳和演绎推理的能力，并从明确的知识或信念陈述开始做可靠推论，继而得到事实性或判断性结论的能力”[24]。这个要求囊括了关于什么是高质量思考技能的很多假设，同时也暗示了这种技能是可教授的。

加州立法的支持者包括组成松散的“批判性思维运动”[25]的各种各样的参与者，他们希望这项新举措能激励其他州制定类似的毕业要求。尽管很少有其他州效仿加州的做法，但这一决定导致批判性思维课程在全国高等教育范围内扩张开来。从20世纪80年代开始，这种扩张创造了数百个新的批判性思维教学实验场所，以及不断增加的批判性思维教育研究机构。

也是在1983年，罗纳德·里根总统的国家卓越教育委

员会发表了极具影响力的报告《危机中的国家》。[26] 该报告认为，美国的教育体系落后于其他国家，让美国的经济和
34 军事安全等诸多领域面临风险。受到委员会工作的影响，通过以严格的学术标准和定期评估学生学习为中心的问责实践来改善学校教育成了新的国家重点事项。

正如本章的许多主题一样，对于由《危机中的国家》引发的政策倡议的全面概述（从乔治·布什的“不让一个孩子掉队”到巴拉克·奥巴马的“争创一流”），以及对围绕过度依赖标准化测试而产生的争论的概述，都超出了本书的范围。但是，正如《危机中的国家》引发的“成就时代”[27] 框定了几十年的教育政策一样，对批判性思维和其他“21世纪技能”（如沟通和协作）的讨论，已经成为指导制定“共同核心”等基于学科标准的关键政策的要点。

在上述许多教育变革的背后，也在全球范围内的教育政策讨论背后[28]，是从工业经济向知识经济的转变。在这种转变中，诸如有效推理、有说服力的沟通和协同工作等技能的重要性，高于吸收和照搬原始信息的能力。通过简单的鼠标点击或手机滑动，获得原始知识越来越容易，“信息时代”的社会成员需要知道如何通过更清晰和更具批判性的思考来有效利用这些知识。

孤 儿 35

1892年，由哈佛大学校长查尔斯·艾略特（Charles Elliot）领导的一群被称为“十人委员会”的教育工作者推荐了一套从小学到高中的标准化课程，该课程建立在阅读、写作、数学和科学（分为物理和化学等一系列子领域）等学科之上。这套课程至今仍影响着美国和世界各地K-12教育的结构。[29]这种结构为许多新学科提供了家园，这些学科涵盖了从文艺复兴以来产生的广泛知识领域，尤其是科学知识。但它也创造了诸如逻辑学和修辞学等孤儿学科，这些学科构成了以前教育模式的支柱。像逻辑学这样的科目并没有完全从课程中消失。许多（如果不是大多数的话）高等教育机构仍在教授与逻辑相关的课程，而且如果我们将计算机程序设计视为亚里士多德原始逻辑系统的继承者，那么今天学习逻辑实际应用的学生比以往任何时候都多。

也就是说，批判性思维要求一个人理解一些思想，这些思想是由本章所描述的思想史和教育史上的事件和进步所激发的。批判性思维也是一种建立在知识体系上的技能。这意味着，构成批判性思维的元素必须得到练习，

36 这样批判性思维才能在某些场合中得到有效使用，也即通过明智的决策产生最有益的结果。批判性思维还需要养成习惯，这些习惯激励个体遵循批判性思维的道路，而不是踏上通向谬误的歧途：寻找捷径来消除怀疑——比如相信别人告诉你的一切。

尽管学界仍在争论批判性思维的清单中应该包括什么样的知识、技能和倾向，但研究和教授批判性思维的人已经有了足够的共识，足够可以讨论清单之中纳入何者、排出何者。这将是我们下一章会讨论的主题。

2

批判性思维的组成部分

我们已经熟悉了批判性思维概念的起源，现在是时候看 37
看一个人应该知道什么和能够做什么，才能成为一个批判性思考者。

对批判性思维研究文献的回顾，甚至是一个简单的谷歌搜索，都会提供大量的层次结构、分类和图表，这些材料描述和展示了批判性思考者应该拥有的知识、技能和个人属性。然而，即使在这些有时重叠、有时互斥的描述中，也有一组元素看起来足够一致，足以被视为批判性思维中共识的组成部分。

本章将着眼于这些共识的组成部分，如结构化思维/
逻辑、语言技能和论证，并介绍一些额外的技能和属性， 38
如创造力和个人倾向，越来越多的研究人员和教育工作者认为这些技能和属性是批判性思维所必需的。

结构化思维

我选择“结构化思维”而不是“逻辑”这个词，是为了强调这样一个事实：构建思维的方法多种多样，对批判性思维来说，训练自己以一种有组织的方式思考比选择哪种方法更重要。尽管如此，批判性思考者对逻辑的依赖是深刻的，因为以下每个结构化思维系统都建立在逻辑基础上，实现相同的目标：

1. 弄清楚我们或他人在思考什么或在交流什么；
2. 使得我们的信念（或希望别人形成的信念）的理由变得明晰；
3. 有能力判断信念的理由是否是被辩护的。

定义与区别

在介绍特定的逻辑系统之前，请记住这些系统基本上分为两大类。第一类是**形式逻辑**，它关注的是论证的结构，许多形式逻辑系统提供了强大的语句和思想的符号表示法，这些符号表示法被证明是非常有用的（只要询问逻辑学家或计算机程序员就知道了）。相比之下，为了将逻辑原则应用于日常交流，**非形式逻辑**既关注论证的结构，也关注论证中语词的含义。 39

虽然形式逻辑和前两个世纪发明的许多系统提供了看待当代和古老问题的新方法[1]，但批判性思维教学往往侧重于非形式逻辑，例如美国批判性思维教育者协会的名称：非形式逻辑和批判性思维协会（AILACT）[2]。

形式逻辑和非形式逻辑都使用一组共同的术语，包括：

论证（argument）——为结论提供证据支持的一组陈述。

前提（premise）——论证中对证据的陈述。

结论（conclusion）——在论证中，如果前提为真，论证者要求被接受为真的陈述。

推理（inference）——逻辑推理中从前提到结论的步骤。

40 **逻辑形式**（logical form）——论证的抽象结构，可以用符号表示，并与构成论证的词语分开。

有效性（validity）——论证的性质：论证采取了这样一种形式，“不可能前提为真，结论却为假”[3]。

可靠性（soundness）——论证的性质：前提为真，逻辑形式有效。

另一个要记住的是**演绎推理**和**归纳推理**之间的区分。演绎论证是“自足的”，因为决定结论是否为真所需的一切都可以在前提和论证的形式中找到。①“有效”一词指的是一个演绎论证，它提出下列要求：当你接受前提为真，也要接受结论为真。类似地，一个演绎的（有效的）论证，如果前提**实际**为真，就被称为可靠的论证。

在归纳论证中，接受前提为真为结论为真提供了支持。但结论只是可能为真，而非一定为真。与演绎论证非此即彼的本质不同，归纳论证可以在一个从弱到强的连续

① 在本书中，作者讨论到演绎和归纳两种形式，分别会和推理（reasoning）与论证（arguments）两个概念相联系。一般来说，推理时我们从承认前提到承认结论，最终造成了思想的变更。但论证只是一种命题之间的逻辑关系，不一定会影响我们的思维。

体上进行评估。这种评估可以从结论成真的概率，论证前 41
提的可接受性、相关性和充分性几个方面展开。[4]

根据定义，归纳论证是无效的，因为你总能找到一个反例让你接受即便前提为真，但仍然拒绝结论。这一事实可能会让你认为演绎推理优于归纳推理。然而，我们在日常生活中接触到的许多（如果不是大多数）论证，都是归纳论证，而非演绎论证。例如，关于未来该做什么的争论——比如改变税法或购买某个品牌的洗碗机——几乎总是包含描述尚未发生之事的前提或结论，倘若由论证引发的决定还未做出，那么这些争论将无法得到证明。

在人类历史上，科学是应用推理的最成功案例之一，但即使是科学也主要依赖归纳推理。例如，论证太阳明天会升起是基于较高的概率而不是确定性，因为在有记载的历史中，太阳每天都会升起。同样，当夏洛克·福尔摩斯从现有的证据中“演绎”出这个或那个结论时，他往往使用归纳推理来给出针对现有观察的最佳解释。

请你将这些定义和区别牢记心中，让我们从亚里士多德创造的系统开始，展现逻辑推理的方法和案例。

42 ## 亚里士多德的三段论

正如上一章所言，亚里士多德发明了第一个被广泛使用的逻辑体系，该体系成了几个世纪以来教授这门学科的基础。

他的体系的基石是**三段论**，一个由三个（而且只有三个）陈述组成的论证：两个**前提**（你要求某人接受为真的事情）和一个**结论**（如果某人接受前提为真，那么他也必须相信其为真的陈述）。

在三段论中，前提和结论都必须以下列方式之一书写：

所有P都是Q（称为A语句）

没有P是Q（称为E语句）

有些P是Q（一个I语句）

有些P不是Q（一个O陈述）

这是一个例子：

前提1：所有的狗都是*动物*

前提2：所有的牧羊犬都是狗

结论：因此，所有的牧羊犬都是*动物*

请注意，这些陈述是以特定的形式写成的，即由大前 43
提（第一个陈述）、小前提（第二个陈述）和结论（最后一个陈述）组成。大前提包括主项（在上面的例子中用*斜体*表示）。主项出现在一个前提中并作为结论的谓词。小前提包括小项（用楷体表示）。小前提也在一个前提中，并作为结论的主语出现。中项（用下划线表示）出现在两个前提中，但不在结论中。在这个例子中，前提和结论都是A陈述（以“所有P都是Q”的形式写成）。根据亚里士多德的体系，当一个论证以适当形式表达，其大项、小项和中项在结构上配置正确，那么如果该论证只由A语句组成（称为AAA三段论），就是有效论证，这意味着接受前提为真需要你接受结论为真。

你可以自己测试一下，看看是否有任何可以接受前提（“所有狗都是动物”和“所有牧羊犬都是狗”）为真，但仍然拒绝“所有牧羊犬都是动物”的结论的方法。测试方法是想出一个反例，让你接受前提但拒绝结论。在这个例子中，如果你不能，那么这个有效三段论背后的逻辑就无懈可击。

44 事实证明，将A、E、I、O陈述组合构建成以适当形式写成的三段论，总共有256种组合方式，但其中只有24种能产生有效论证。这意味着不仅我们涉及牧羊犬的AAA三段论是有效的，而且任何三段论，只要其大项、小项和中项被正确结构化并呈现为AAA结构，都是有效的。此外，如果这些有效论证的前提是真的，那么这些论证就是可靠的。

三段论推理提供了一种区分有效论证和无效论证的机械方法。事实上，几个世纪以来，为了记住哪种三段论是有效的，逻辑学的学生学过各种各样的歌曲、诗歌和其他的助记技巧。这使得逻辑分析成为一个将口头或书面的论证，翻译成由3个结构化陈述组成的三段论的过程，然后再确定该结构是否属于24个有效结构。

虽然亚里士多德的体系代表了理智领域的一个突破，但后来的发展（如命题逻辑）提供了额外的逻辑形式，能够表示出亚里士多德三段论无法处理的有效论证，比如那些有两个以上前提的论证。[5]

其他逻辑形式

在逻辑论证中经常出现的另外两种有效的逻辑形式是**肯定前件式假言推理**和**否定后件式假言推理**。

肯定前件式论证的一般形式写作： 45

前提1：如果P，那么Q。

前提2：P。

结论：因此，Q。

在该案例中，前提1提供了一个一般性的条件，前提2确定了这个条件是否得到满足。

一个生活中的例子如下：

前提1：如果下雨，球赛将被取消。

前提2：现在正在下雨。

结论：因此，球赛将被取消。

下面是一个更著名的论证（至少在教授逻辑学的教师

中如此），它至少可以追溯到公元14世纪：

前提1：人终有一死。

前提2：苏格拉底是人。

结论：因此，苏格拉底终有一死。

46 如果用肯定前件式假言推理的形式重写，这个论证将读作：

前提1：如果苏格拉底是人，那么苏格拉底终有一死。

前提2：苏格拉底是人。

结论：因此，苏格拉底终有一死。

这是另一个演绎论证的例子。在这个论证中，接受前提为真要求你也接受结论为真。和所有的有效论证一样，如果论证的前提为真，那么这个论证就是可靠的。

另一个有效的逻辑形式是否定后件式假言推理，它具有这样的符号结构：

前提1：如果P，那么Q。

前提2：并非Q。

结论：因此，并非P。

否定后件式假言推理的一个例子如下：

前提1：如果艾丽卡大学毕业，她就会有文凭。

前提2：艾丽卡没有文凭。

结论：因此，艾丽卡没有从大学毕业。

就像我们的肯定前件式假言推理一样，这个否定后件 47
式假言推理论证也是有效的。该论证可以被挑战，比如质疑是否需要根据有没有文凭来确定某人是否从大学毕业（也许有人会指出，即使艾丽卡丢失了她的文凭，这也并不会否定她从大学毕业的事实）。但这个挑战针对的是其中一个前提（即前提1）的真实性，而不是将前提与结论联系起来的推理。如果我们能证明拥有文凭不是大学毕业的必要条件，那就表明虽然这个论证有效，但的确是不可靠的（因为它的一个前提为假）。[6]

真实世界案例

刚刚读到的简单例子是你可能在逻辑或批判性思维教科书中看到的一类例子。对于世界展开批判性思维来说，逻辑是不可或缺的，这是因为日常交流通常可以分解为符合一种或多种逻辑形式的诸多前提和结论。举例来看，假设你在一个晚宴上，有人说了这样的话：

> 跨国组织很危险！任何自爱的国家都应该立即停止资助它们。它们散发着腐败的气味，是对纳税人金钱的巨大浪费，是对一个国家自主性的威胁。

48 稍加一些修饰，这个对话可以变成以下三段论：

前提1： 所有自爱的国家都不应该资助那些腐败的、浪费纳税人的钱、威胁国家自主性的组织。

前提2： 所有跨国组织都是腐败的，它们浪费纳税人的钱，是对国家自主性的威胁。

结论： 所有自爱的国家都不应该资助跨国组织。

这个论证也可以翻译成肯定前件式假言推理：

前提1：如果一个组织自身腐败、浪费纳税人的钱、威胁国家自主性，那么自爱的国家不应该资助这些组织。

前提2：所有跨国组织都是腐败的，它们浪费纳税人的钱，是对国家自主性的威胁。

结论：所有自爱的国家都不应该资助跨国组织。

注意，在该论证的两种形式中，接受前提为真，要求 49
你接受结论为真，这使得该论证有效。然而，通过提供一个不同时满足这三个负面特征的跨国组织，可以很容易反驳两个论证形式的前提之一——所有跨国组织都是腐败的，浪费纳税人的钱，威胁国家的自主性。因此，我们在晚宴上谴责跨国组织的论证是有效的，但不可靠。

把日常论证转化为结构化形式能揭示出背后的推理。这提供了一个机会，来评估某论证是否为结论提供足够的理由。我们的晚宴论证是不可靠的，因为它的一个前提为假。如刚才的分析所示，组成论证的语词也为分析论证的质量提供了信息。

非形式逻辑方法可以用真实世界的语言写出论证的前提和结论，这些方法使得逻辑原理可以被灵活应用于日常情形，这正是非形式逻辑在批判性思维的教学中扮演重要角色的原因。假设针对上面提到的最初论证，有人这样说：

50 > 这简直是可笑！我在一家跨国组织工作，我们从政府那里得到的每一分钱都用来帮助人们，我们一点也不腐败。捐赠给像我们这样的组织的钱为世界各地带来了善意。因此，跨国组织对资助它们的国家有利而无害。

这段话可以转换为以下结构化论证：

前提1：我工作的跨国组织把每一分钱都用于帮助别人。

前提2：把所有的钱都用于帮助别人的组织并不腐败。

前提3：各国向我工作的跨国组织捐赠的钱为捐赠国带来了善意。

前提4：参与一个为捐赠方带来善意的组织有利于捐赠国。

结论：向跨国组织捐款对于捐赠国有利无害。

在此案例中，论证有四个前提，每个前提和结论都用易于理解的语言写出。但是，就像三段论一样，这种限制 51
较少的论证也可以被检验有效性。你可以问自己："如果我接受每个前提为真，我是否必须接受结论也为真？"在此案例中，很容易想出一种接受前提并拒绝结论的方式——比如，你可以提出，即使对一个跨国组织来说这些前提是真的，但这并不意味着所有同类组织都同样是良性的。

通过增加一个前提可以让这个论证变得有效，这个前提隐含在原始论证中，但没有被直接说明：

前提1：我工作的跨国组织把每一分钱都用于帮助别人。

前提2：把所有的钱都用于帮助别人的组织并不腐败。

前提3：各国向我工作的跨国组织捐赠的钱为捐赠国带来了善意。

前提4：参与一个为捐赠方带来善意的组织有利于捐赠国。

前提5［隐藏前提］：所有的跨国组织都和我工作的组织一样。

结论：向跨国组织捐款对于捐赠国有利无害。

52 亚里士多德把隐藏的前提称为省略三段论。因为论证中最重要的点往往是隐含的，而不是直陈的，所以梳理出这些未陈述的前提是论证分析中最有成效的步骤之一。例如，关于堕胎是外科手术还是谋杀的争论往往建立在胎儿是否是人这一常被隐藏的前提之上。

回到我们的例子，加上隐藏的前提，论证就有效了，如果你接受所有前提为真，那么你就被要求接受结论为真。然而，为了变成可靠论证，这个有效论证中的每一个前提都必须是真的，或者至少是一个理性的人会认为是合理的。例如，在上述支持跨国组织的回应论证中，如果没有大量的研究，便会很难对涉及论证者个人经验的前提造成挑战。但是，只要找到一个腐败的跨国组织的例子，就很容易挑战最初隐藏而后新增的第五个前提。这使得新的前提很容易被拒绝。如果演绎论证中的一个前提为假，那么整个论证虽然有效，却是不可靠的（因此是不好的）。

同样的方法可以用来组织和评价归纳论证。对于归纳论证来说，即使你接受前提为真，也不要求你接受结论为真。例如，在进一步讨论跨国组织的筹资问题时，有人说： 53

> 为跨国组织提供资助在公众中广受欢迎，在立法机构中似乎反对派也不占多数。政府自执政以来，每年都在增加对跨国组织的投入，今年的预算也增加了。基于这些事实，我认为今年的政府投入将比去年更多。

这段话可以转化为拥有四个前提的论证：

前提1：自执政以来，政府每年都在增加对跨国组织的投入。

前提2：今年的预算增加了对跨国组织的投入。

前提3：立法机构中反对增加跨国组织投入的人并非多数。

54 **前提4**：公众广泛支持对跨国组织的投入。

结论：与去年相比，今年政府对跨国组织的投入将会更多。

在该案例中，可以找到一种接受前提但拒绝结论的方法。这样的一个反例是，少数人不顾多数人和公众的支持，延缓了对跨国组织增加投入的立法。这样的反例使得该论证无效。但这本是一个归纳论证，不是演绎论证，我们要寻找的东西本是——如果前提为真，结论是否可能为真。虽然说如果证明一个或多个前提为假，上述论证作为一个整体会被削弱，但因为前提为真，结论很可能为真，从前提到结论的推论还是可以被视作是强有力的。

谬　误

糟糕的论证往往以类似的方式“失败”或带有缺陷。这些经常发生的错误被称为谬误，许多批判性思维课程花费很多时间和精力教学生甄别日常论证中的谬误推理。

55 有些缺陷与论证的结构有关。例如，伍迪·艾伦在他仿拟《战争与和平》的电影《爱与死》中，给了我们这个苏格拉底论证的变体：

前提1：人终有一死。

前提2：苏格拉底是人。

结论：因此，所有的人都是苏格拉底。

这个论证是失败的，因为论证的形式不正确。在一个结构合适的论证中，大项（用*斜体*表示），小项（用楷体表示）和中项（用下划线表示）应该按照如下方式进行组织：

前提1：人终有一*死*。

前提2：苏格拉底是人。

结论：因此，苏格拉底终有一*死*。

值得注意的是，在伍迪·艾伦的论证中，中项（人）在两个前提和结论中都出现了。这被称为中项不周延谬误。[①]由于结构相同，具有这种形式的论证都会失败（即无效）。

另一个谬误称为否定前件式，也是一个无效的逻辑形式，其结构如下：

56 **前提1**：如果P，那么Q

前提2：并非P

结论：因此，并非Q

在肯定前件式假言推理中（或者我们的苏格拉底论证中），一个犯了否定前件式谬误的无效版论证如下：

---

① 本书作者在这里的解释不对。作者认为伍迪·艾伦的论证犯了中项不周延谬误，这解释不通。该谬误的实质如下：中项不周延是指三段论中的中项，在大、小前提中一次也不周延。中项是同时出现在两个前提中的项（也即“人”），周延（distributed）是指一个陈述对词项的全部外延做了表述，反之为不周延。周延规则如下：全称和单称判断的主词周延；特称判断的主词不周延；肯定判断的谓词不周延；否定判断的谓词周延。在伍迪·艾伦的论证中，大前提中“人终有一死”为全称判断，因此主词“人”是周延的，小前提中“苏格拉底是人”是肯定判断，因此谓词“人”不周延。但中项“人”已在大前提中周延一次，因此满足了中项周延的要求。

前提1：如果苏格拉底是人，那么苏格拉底终有一死。

前提2：苏格拉底不是人。

结论：因此，苏格拉底不会死。

在该案例中，很容易想出一个反例，即苏格拉底不是人，但仍然会死。例如，苏格拉底可能是某人的宠物金鱼的名字，这将使前提2为真，但不会导致结论为真。

还有一个类似的谬误，我们称为肯定后件式。该谬误基于下列无效的形式：

前提1：如果P，那么Q

前提2：Q

结论：因此，P

犯这种谬误的一个例子是： 57

前提1：如果托伦斯赌输了他所有的钱，他就会破产。

前提2：托伦斯破产了。

结论：因此，托伦斯赌输了他所有的钱。

与其他无效论证一样，很明显这个论证的结论不能从前提中推导出来，因为有很多方法可以解释托伦斯为什么没有赌输所有钱却破产了。这就是说，有很多可能的反例，其中前提为真，但结论为假。源自结构缺陷的谬误，比如刚刚讲到的三个，被称为形式谬误。回想形式逻辑和非形式逻辑之间的区别，非形式谬误是由于论证的内容而不是结构而产生的问题。例如，因为叶忒罗这个拜占庭人最近因武装抢劫被捕，就声称所有拜占庭人都是罪犯，这种说法错误地将一个群体成员的特征归属于整个群体，属于合成谬误。另一种非形式的谬误是联想谬误，通常被称
58 为“联想罪”。一个人因为她嫂子的邮递员向商店橱窗扔石头时被发现而指责她的邻居是一个破坏公物的人，这个人就犯了联想谬误。

虽然前面的最后两个例子可能看起来很无聊，但谬误推理并非无害。因为少数成员的行为而谴责整个种族的偏执言论，或者因为公众人物的一个推特（Twitter）粉丝（或粉丝的粉丝）的行为而将其赶下台，都是这些有缺陷的思维方式对世界造成伤害的真实案例。

鉴于语言的复杂性以及人类使用语言互动时的多样

谬误推理并非无害。

性，非形式谬误以多种形式呈现。例如，人们可以诉诸理性以外的东西，如恐惧（诉诸强力）或人气（诉诸公众）。谬误的论证也可能基于过少的信息（草率的概括）得出结论，或者通过提出错误的选择或错误的二分法得出结论，例如“要么你通过我的预算，要么数百万人将挨饿”。

许多谬误还试图转移读者或听众对论证细节的注意力，比如攻击辩论者（这被称为人身攻击），或避开对手的实际论证，提出对手论证的过度简化或扭曲的版本并展开攻击
60（这被称为稻草人谬误）。要确定一个论证在何种情况下是谬误并不容易，其中一些非形式的逻辑错误展现了这一困难。例如，在某些情况下，攻击提出论证的人代表了一种人身攻击的谬误，但在其他情况下，挑战对手的品格可能是合理的（如果此人被判做了伪证，或者有说谎的历史）。

出现在书籍和网站上的谬误列表（包括“延伸阅读”中列出的那些）有数百个，其中绝大多数谬误不是形式的，而是非形式的。由此表明，相比于论证的结构，论证的内容同样可能出错，甚至更容易出错。正因如此，在批判性思维的研究中，认真考虑从形式和非形式逻辑中得出的指导性原则是有价值的。

绘图说明

我们评判论证质量的工具不必局限于语言。类似于小学生在学习集合时所学的图，文恩图可以用来绘制论证中的陈述，如图2所示。

这些图形关系可以组合起来用以展示完整的论证，例 61
如我们的苏格拉底案例，如图3所示。

在该案例中，苏格拉底是一个不会死的人是不可能 62
的，该图展现了这种不可能性。因为苏格拉底（X）属于人的集合，而该集合完全属于有死之物的集合。

我们的第一个鸡尾酒会论证可以类似地表示为图4。

在该案例中，腐败、浪费金钱、威胁国家自主性的事 63
物构成的集合，与自爱的国家应该花钱资助的事物构成的集合之间没有任何重叠。既然跨国组织的集合完全属于第一个集合（在我们认为的那个不可靠论证中是如此），那么腐败、浪费、会带来威胁的事物的子集（即跨国组织）就不可能与一系列有自尊的国家应该花钱资助的事物相交。图4用图形的方式表明了我们正在面对的是一个有效的论证。

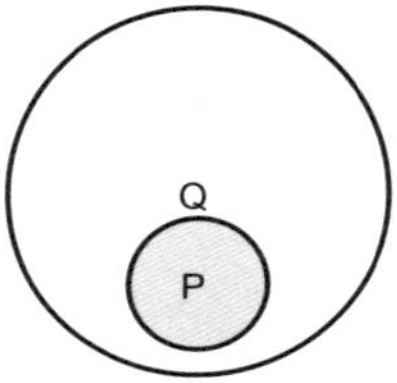

所有的P都是Q

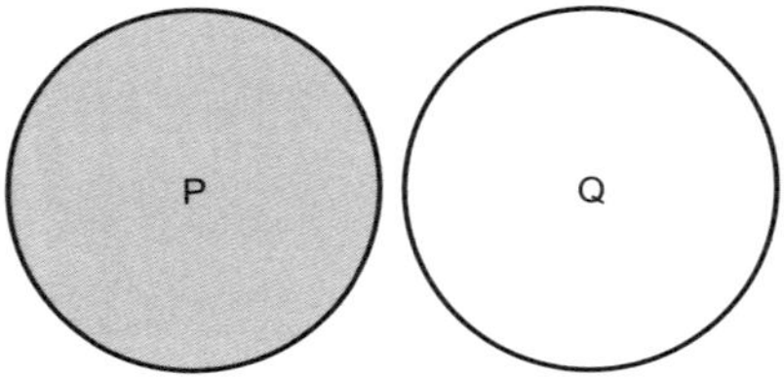

没有P是Q

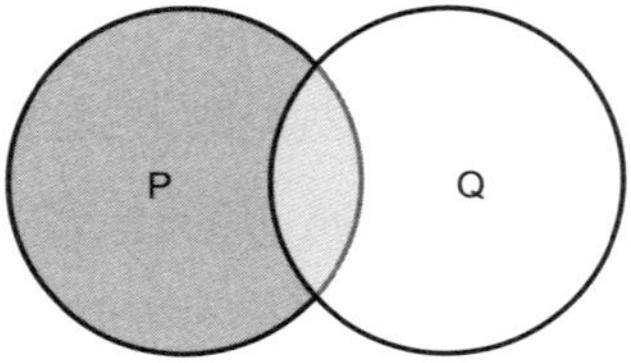

有的P是Q

图2

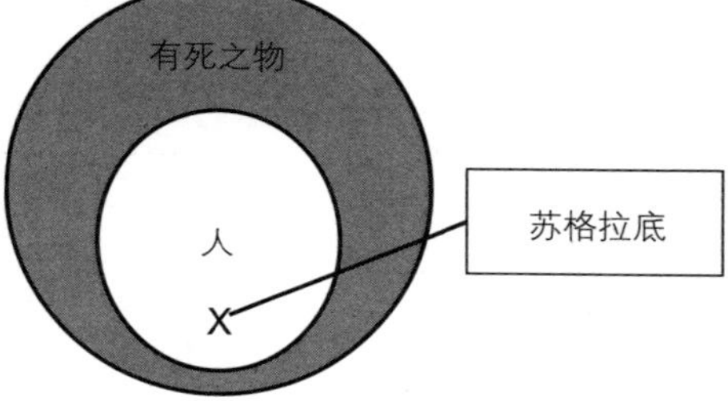

图3

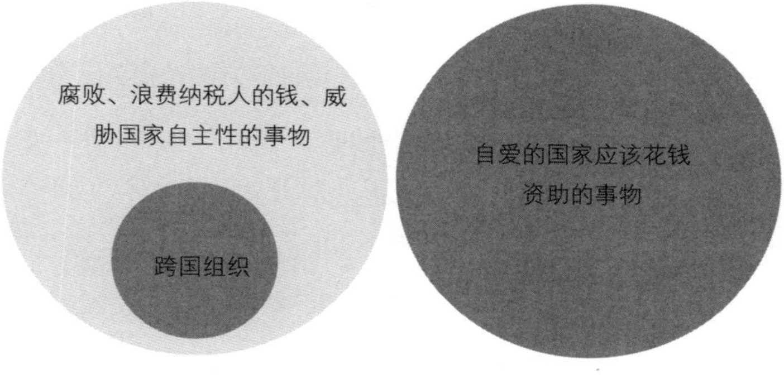

图4

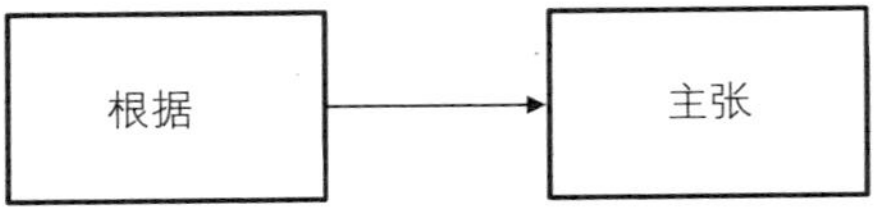

图5

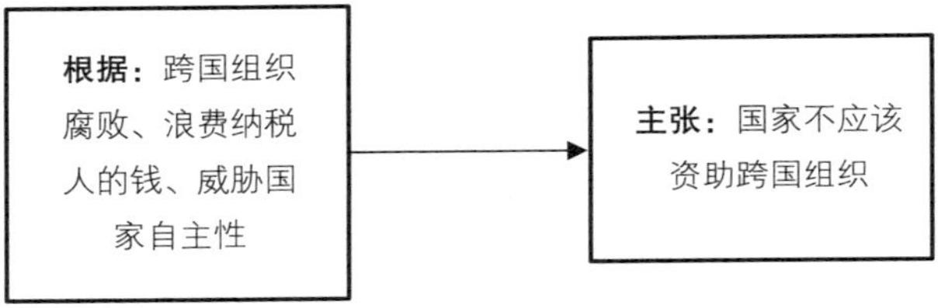

图6

另一种流行的用视觉方式呈现论证的方法是由英国哲学家斯蒂芬·图尔敏（Stephen Toulmin）提出的。图尔敏图不是从前提开始得出结论，而是从根据开始得出主张，如图5所示。

从根据框到主张框的箭头表明，根据必须引出或提供
64 证据支持主张。如果我们使用图尔敏的方法来绘制我们的鸡尾酒会论证，它将如图6所示。

在图尔敏图中，根据和主张之间的联系本身必须通过担保这一要素加以辩护。继续我们的案例，包含一个担保

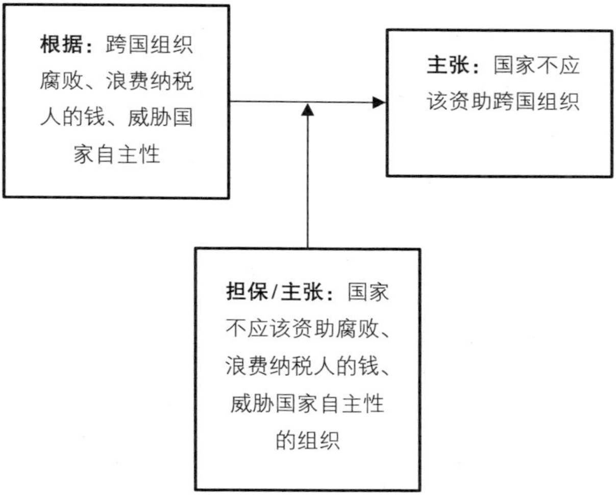

图7

的论证，如图7所示。

初步看来，如果把根据看作是“前提”的另一种说法，把主张看作结论，把担保看作是将两者联系起来的推理，那么这种类型的图解似乎并没有比之前分解逻辑论证的方法增加多少内容。但是请注意，这种形式的论证图解 65
要求你以担保的形式更明确地呈现前提和结论之间（或根据和主张之间）的逻辑推理。在只用文字表示的论证形式

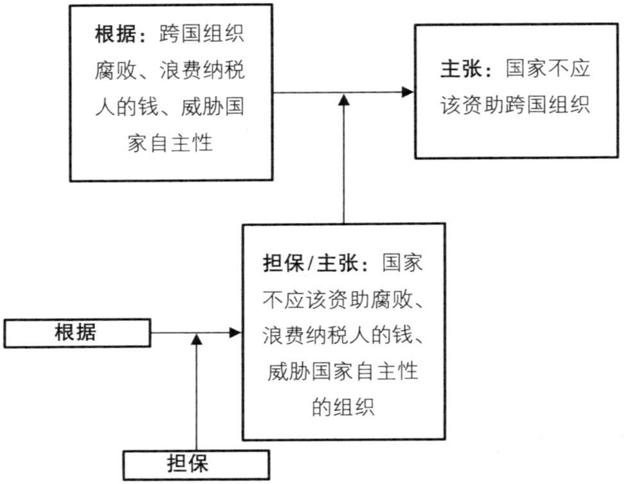

图8

中，这种联系展现得并不总是那么清楚。

一旦逻辑联系被揭示，它就可以作为另一个分析点或攻击点。要实现这一步，可以创建一个新的论证分支，在这个分支中，原始的担保肩负双重责任，既作为原论证分支的担保，也作为新分支的主张，如图8所示。

66 图表化论证的另一个优势是可以扩展开来，将多条推理路径包括在内。这样便可捕捉到在现实世界的辩论中可

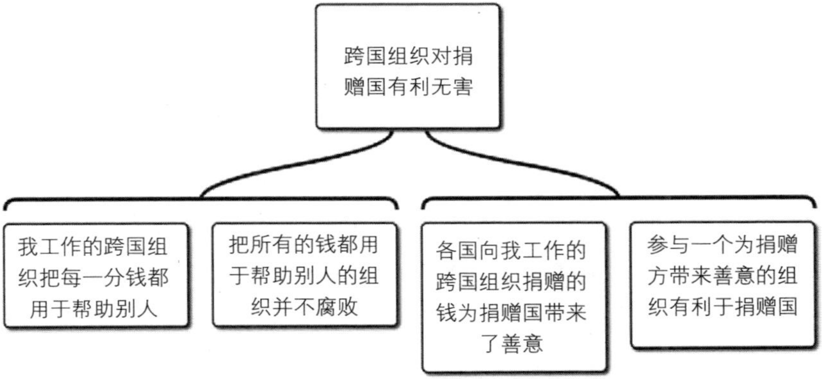

图9

能走向多个方向的动态交换。

另一种展现论证的技术比图尔敏的方法更容易掌握，也因此在年轻学习者中很受欢迎，它就是论证图。下面用该方法展现对我们的鸡尾酒会论证的反驳，如图9所示。

在这张图中，顶部的结论（也称为**主陈述**，它彰显出 67
如果前提为真，论证要求你接受的结论并不总是出现在论证的末尾）由两条推理线支持。在图的左边，前两个前提协同工作（这使它们成为**共同前提**），提供一个支持主陈述的理由，右边的两个前提也是如此。与图尔敏图一样，论证图提供了一种说明向水平和垂直方向延伸的复杂论证的方法。与图尔敏图更复杂的系统不同，这种技术让你通过对论证的每个部分提出同样的简单问题来分析论证：下面方框中的内容是否为相信上面方框中的内容提供了理由？

68 借助这些例子，我们瞥见了支持结构化思维的各种备选方案。有关这些备选方案和其他逻辑系统的更多信息，请参阅本书的"延伸阅读"部分。用来理解和分析论证的工具和方法是多种多样的，如果你对教授批判性思维或成为一名批判性思考者感兴趣，那么无论使用（或创造）哪一种系统并没有对错之分。唯一不可行的选择就是让你的思维处于无序混乱的状态。

语言技能

人类不是完全通过形式的结构化陈述进行交流的机器，批判性思考者必须熟练地将正常的人类语言翻译成构成结构化论证的前提和结论，以便把这些陈述用作逻辑分析的基础。

翻　译

前文已经呈现了翻译的案例，例如我们的鸡尾酒会辩论。通过消除无关的措辞，将日常对话转化为一组引向结论的前提，并把正常人对话中出现的模糊语言转化为清晰 69
陈述，便可以呈现逻辑规则可运用的结构化形式。

一旦内化，逻辑规则通常就会成为第二天性，因此批判性思维的大部分工作涉及将日常人类交流（如社论、广告或有说服力的讨论）翻译成清晰的、有结构的语言。像其他翻译过程一样，从复杂的会话交流中提炼出逻辑内核是一门艺术。正因如此，此类翻译能力是一项需要大量练习的批判性思维技能。

时至今日，机器还不能完成这项翻译任务，就像它们不能百分百准确地把俄语小说翻译成日语小说一样。虽然逻辑翻译不能通过算法来完成，但是批判性思考者在进行翻译时也有规可依。

翻译要准确。在翻译的过程中，错误会以多种方式产生。其中一种是有意的错误（故意误读别人的话语或以误导的方式呈现自己的想法），这种错误无法通过后文即将批判性思维的大部分工作涉及将日常人类交流翻译成清晰的、有结构的语言。

讨论的宽容测试。但是，即使是由于无知而发生的无意错误也会导致误解论证。例如，如果有人将我们例子中的“跨国组织”解释为“跨国营利性公司”，这将导致他们 71
误解那些最有可能是有关跨国非政府组织和慈善机构的论证，如联合国或国际特赦组织。

翻译要简洁。不是所有的逻辑翻译都需要删减字数。前文已经出现了一个例子，通过加入隐藏前提（一个省略三段论）的形式添加字数使得论证有意义。

然而，考虑到语言明晰的重要性，在尊重准确性的基础上追求简洁应该始终是我们的目标。从我们的论证中排除不必要的陈述（比如“这太荒谬了!”这句话表达了情感，但没有添加任何内容）是简化论证的一种方式，这就像选择最少的词来准确地抓住更冗长且可能更模糊的散文的要点一样。

追求简洁还要尝试在尽可能少的前提下捕捉一个论证。鉴于现在你对如何测试有效性和可靠性已有了解，简洁的优点应该是有道理的。只要有一个坏的前提，就可以宣布一个演绎论证是不可靠的，或者削弱一个归纳论证。所以前提越少，一个或多个前提失败的可能性也就越小。

72 既然我们谈论的是简洁性，我还想指出一个相关的哲学原则，即**最佳解释推理**。在处理无法明确回答的问题时——例如上帝是否存在，或者我们是否都是生活在另一个宇宙的外星人所写的小说中的角色——这一原则提供了指导。[7]像这样的问题无法诉诸经验（通过感官知觉或进行实验）得到解决，但对于这类问题，不同的答案间会相互争论且更有可能为真的答案会被选择。

一般来说，相比于更复杂的解释，最佳解释推理倾向于更简单的解释。例如，接受上面提到的外星小说家理论要求我们相信存在两个宇宙。相比之下，不接受它时我们只相信一个宇宙（也即我们感知到的这一个）。这使得即使在没有证据的情况下，该解释也会成为偏好选择。一个多世纪以来，这种解释方法在哲学家中引发了关于什么能被知晓，以及信念的本质是什么的讨论和争论。然而，就成为一个批判性思考者而言，我们收获的信息很简单：在不牺牲准确性的情况下，尽可能简洁。

翻译要宽容。哲学家奈杰尔·沃伯顿提供了哲学家们
73 所谓的**宽容原则**的例子：

在一场关于动物福利的辩论中，演讲者可能会宣称所有的动物都应该被赋予平等的权利。对此的一种回应是，这种想法毫无意义，所以是荒谬的。例如，给长颈鹿投票权和财产权，因为它们不理解这两个概念。更宽容的做法是将“所有动物都应享有平等权利”的说法解释为“所有动物都应享有**免受伤害**的平等权利”的简写，然后再应对这种说法。[8]

从表面上看，这似乎只是呼吁翻译要准确的另一种说法，但宽容原则不仅要求诚实地翻译，它还要求我们关注一个论证最有力的版本，而不是通过一个严苛的翻译故意削弱该论证。

人们只需要看看新闻或社交媒体网站评论区经常爆发的争吵，就能意识到缺乏宽容会对国民的交谈造成什么影响。在评论区中，争论者们会指责对方的语法或印刷错误，或者模仿对手的立场进行辩论。然而宽容行为的好处远不止对翻译过程有所帮助。

首先，与对手最有力的论证进行交锋，而不是喋喋不休地谈论一个无关紧要的缺陷，或者找到其他方式来争论宽容原则不仅要求诚实地翻译，它还要求我们关注一个论证最有力的版本，而不是通过一个严苛的翻译故意削弱该论证。

一个较弱的论证，这可以增强你的精神“肌肉”，就像运动员通过与强者而不是弱者竞争从而收益更多。在许多情况下，强有力的论证有缺陷和弱点，但首先关注它们的优势有助于和这些观念展开更坚实和更诚实的交锋，而不是前面提到的你在互联网“辩论”中看到的充满谬误的混战。 75

开展宽容的翻译要求你表现得好像你要把另一个人的论证的逻辑翻译呈现给那个人，并在围绕这个话题展开争论之前，询问他你是否准确且诚实地抓住了他想说的东西。这样的过程需要移情，即一种进入他人的思想，发现他们相信什么以及为何相信的能力。除了促成更诚实的讨论，移情能力也被证明能有效控制确证偏见。人类的大脑倾向于接受与我们的信念相符的事物，拒绝与我们的信念不相符的事物。确证偏见是人类推理中的一个缺陷，让我们产生误解并受到操纵。

说服性沟通

说到操纵，另一组与批判性思维相关的语言技能包括说服性沟通，历史上被称为**修辞学**。

76 前文已经提到，修辞学是亚里士多德在他关于修辞学的书中整理和编纂的主题之一。书中指出，无论交流的主题是什么，在写作或演讲中，有一些交流方式会对听众产生强大的影响。无论是用在诗歌、歌曲还是政治演讲中，其中一些修辞手段能打动读者和听众，比如头韵［重复一个初始的辅音，就像刚才所说“fallacy-filled free-for-alls”〔“满（是）谬（误），民（众）蛮（干）”〕时所做的那样］或押韵。[①]

除了这些熟悉的文学技巧之外，还有一些修辞技巧特别能让演讲引人注目。其中一种方法是**句首重复**，即为了达到效果而有意重复单词。例如，当总统候选人希拉里·克林顿呼吁“我的支持者们，我的捍卫者们……我的姐妹们”时，这些额外的“我的”读起来可能会显得尴尬，但这个短语用口语说出来却容易激发共鸣。这句话也是修辞技巧三分句的一个例子，三分句是把三个类似的词

① 此处原文疑有误。作者认为头韵是重复恒定音“constant sound”，但应为辅音“consonant sound”才对。

或短语组成一组，由此构成的表达式在演讲中特别有效。另一个例子是交错配列，指的是在一个短语或句子中有意改变词序。交错配列的最好例子是约翰·肯尼迪的就职演说结尾语，至今仍令人记忆犹新：“不要问你的国家能为你做什么，而要问你能为你的国家做什么。”

还有一些修辞技巧可以用来组织演讲或其他汇报。比 77
如从一个平易近人的、讨好的开场白（拉丁语中称为绪论）开始，然后逐渐达到一个热烈的高潮（拉丁语称为结语）。你所见过的每一次总统演讲都可能使用了这些技巧，这些技巧可以追溯到亚里士多德和罗马演说家西塞罗等古人，这表明修辞不仅强大，而且永恒。

修辞学在批判性思维中应该扮演什么角色是争论的焦点，可能是因为大多数批判性思维教师都是职业哲学家，或者至少受过哲学训练，而哲学与修辞学学派之间的敌意可以追溯到雅典的黄金时代。当苏格拉底把哲学家定义为“爱智慧的人”时，他的部分动机是将哲学家与另一群被称为智者的人区分开来。智者四处游历，会把那些家境殷实且雄心勃勃的人教得花言巧语，从而让沟通更有效，也就是说，更有说服力。在民主的雅典，打动法庭上的陪审团或管理议会上的听众是获取权力的关键。正因为如此，帮助人们驾驭人群成了一项有利可图的业务。但是，智者愿意帮别人把薄弱的论证伪装得更有力，这使他们成为哲学家的攻击目标。哲学家追求的是真正的真理，而不仅仅是真理的表象。[9]

78 尽管哲学和修辞学之间的争论已经延续了2500年，但理解修辞学在人类交流中发挥的作用可以推进批判性思维的事业。首先，在日常语言论证中，有许多额外信息需要删去，以提炼出清晰、明确的前提和结论。这些额外信息可能是用于说服的修辞手段（如前面提到的“这太荒谬了！”），但不一定言之有物。理解说服性语言的本质有助于确定哪个部分属于逻辑论证，以及哪个部分可以被丢弃。

此外，如果修辞学可以让一个软弱的论证看起来更有力，那么对修辞学的理解就为批判性思考者提供了“X光透视”，我们借此可以穿过语言的迷雾，洞悉论证背后糟糕的推理或谬误的前提。

最后，如果修辞可以让一个糟糕的论证看起来更有说服力，想象一下它能为一个好的论证带来什么。即使你的把有效、可靠、有力（最好是符合道德和伦理）的论证与几个世纪以来用于打动听众的说服技巧相结合，你的论证将令人信服、势不可当。

前提是真的，并且前提与结论之间的逻辑联系十分牢靠，你仍然需要让人们注意到你在说什么。把有效、可靠、有力（最好是符合道德和伦理）的论证与几个世纪以来用于打动听众的说服技巧相结合，你的论证将令人信服、势不可当。

80

论　证

之前未提到的一个谬误是**模棱两可**。许多单词有多个意思，多种含义之间的混淆（无论是有意的还是偶然的）会导致这一谬误。在本章中，有一个词你已经读过好几次了，它有多种含义，那就是“论证”。

就一种含义看，一个论证可以被定义为一组陈述，其中包括证据（写成前提的形式）、结论，以及将前提与结论联系起来的逻辑推理。根据这个定义，一个亚里士多德的三段论，作为一个整体，可以被认为是一个单一的论证，就像你看到的以不同形式呈现的鸡尾酒会论证一样。

然而论证也有更广的定义。一位研究人员将其描述为“包括观点、思想、感觉和假设的表达；这些思想和概念以逻辑和准逻辑的顺序结合在一起，通常被证据支持（且这种支持是有益的）；以及在现有知识体系中将学生定位”[10]。根据这一定义，不同政策的支持者之间的复杂“论证”可能包括参与辩论的每一方提出的几个相互关联的逻辑“论证”。

根据一个人对论证定义的宽泛程度，人们可以主张说
批判性思维完全是关于论证的产生和分析，许多批判性思 81
维课程也确实倾向于在教学大纲中强调论证的部分。但鉴于批判性思维的定义已经扩展到包括一系列非认知成分，包括好奇心和思想开明等个人特征，我们最好把掌握论证视为批判性思维的一个重要组成部分，而不是它的同义词。

在“非专业”词典对论证的几个定义中，与批判性思维最相关的定义包括“旨在支持或确立一个观点的一系列融贯的理由、陈述或事实”[11]或“旨在说服或劝说的一种修辞表达”[12]。这些定义抓住了批判性思维中论证的基本目标：为自己对某事的信念提供辩护，或者让别人接受一个想法或改变他们的想法。

这些定义与另一种对“论证”的流行理解形成对比，

即“愤怒的争吵或分歧”。[13] 当人们第一次想到“论证”这个词时，往往会想到这个词的负面含义，并把这个词与发生在家庭成员、政坛敌人或酒吧顾客之间的争吵联系起来。

出现激烈言辞并不一定意味着基于我们的批判性思维
82 定义的论证没有发生。一个人让别人改变主意的方法可能包括戏剧性事件或情感丰富的言辞。但我们应该小心谨慎，将真正的论证（即使声音很大）与另一种活动——打架——区分开。[14] 在打架中，取得胜利和达到目的比说服别人改变他们的信念更重要。

如果正在发生打架而不是论证，那么使用物理胁迫就是一个明显的信号。诉诸暴力手段让别人就范并不需要改变他们的想法，只是别人为了躲避殴打，需要改变他们的行为。抛开苦口婆心的劝说，其他达到目的的方法包括勒索某人（包括道德威胁），或者让敌对的情绪变得十分尖锐，以至于不管人们相信什么都会不惜一切代价逃离不适的境况。

考虑到批判性思维的目标是找到支持信念的理由，像打架这样的活动只提供避免身体或情感痛苦的理由，并不符合沉思者对论证的定义。对于一个真正的批判性思考者来说，在争论一个问题时不应该禁止诉诸情感，但深思熟虑的说服行为应该保持分寸，专注于让别人愿意相信你所说的话。

还有其他不涉及论证或打架的交流形式。例如，报纸上的体育节目表提供了一组事实，而不是相信某事的理 83
由，这使体育节目表成为一个**解释**，而不是一个论证。论证与解释之间的区别可能十分微妙。例如，天气报告通常会提供事实，但可能也会使用这些事实来支持预测。在这种情况下，这些事实在论证中充当前提的角色，而一个或多个预测则作为论证的结论。有一位哲学家将论证与解释之间的区别总结如下："解释的行为是为了让听众理解更深入，论证的行为是为了让观点更易被接纳。"[15]

背景知识

虽然逻辑学中的许多运算都是基于抽象表示法（比如"如果P，那么Q"这样的变量，其中P和Q可以代表不同的东西），但专注于非形式推理的批判性思维往往会应用于具体的学科。因此，拥有相关学科的知识是大多数批判性思维练习的重要组成部分。

弗吉尼亚大学认知心理学教授丹尼尔·威林厄姆总结了推理与推理所应用的内容之间的联系程度。他给出了下述案例：

> 84 教育工作者早就注意到，出勤率甚至学业成绩都不能保证学生毕业后在任何情况下都能成为一名有效的思考者。严谨的思考有一种奇怪的倾向，即拘泥于特定的例子或问题类型。因此，作为一种检查答案准确性的方法，一个学生可能已经学会了在开始计算之前估计一个数学问题的答案。但在化学实验室里，同一个学生计算化合物的成分，却没有注意到他的估计总和超过了100%。一个学生已经学会了从英国和美国的角度来缜密地讨论美国革命的原因，但他甚至不会去质疑德国人如何看待第二次世界大战。为什么学生在一种情况下能够进行批判性思考，但在另一种情况下却不能？简单的回答是：思维过程与思考内容是交织在一起的。[16]

将前文介绍过的逻辑结构当作透镜来看，事实直接充当论证的前提或让人知晓论证的前提，进而支持论证的结论。正如创建前提需要理解主题一样，批评这些前提的错误或薄弱也需要了解它们的内容。

信息鸿沟 85

在下一章中，在何处以及如何教授批判性思维技能的辩论中，你将读到背景知识的作用。但在处理这个议题之前，我们需要考虑一个问题，这是在互联网时代关于背景知识的讨论中普遍存在的问题：在这个时代，对于许多人来说，大部分知识只需要刷几下手机或点几下鼠标就能获得，那么获取知识意味着什么？

富人与穷人之间，包括富国与穷国之间，存在技术资源的差距，这实际上是一种信息获取的差距，这种差距成了新的信息鸿沟的一个重要部分。这种不平等可能涉及电脑、智能手机和其他设备。然而，就获取信息来说，这些设备只有连接到互联网上才能发挥作用，这使得不受政府控制的高速互联网连接成了另一个需要弥合的重要技术鸿沟。

如果不缓和刚才提到的公平问题，即使是那些技术“富人”也面临着一个艰巨的问题：如何在这个不断扩大的数据宇宙中搜索（这些数据中的大部分是真实的和有价值的，但仍然有很多信息是虚假的或无关的）到正确的信息，评估其质量，并加以适当利用？

86 信息素养

信息素养是另一种现代技能，它被认为是批判性思维中一个日益重要的组成部分。这一领域出现于20世纪70年代，与此同时，类似的媒介素养领域也在发展。媒介素养旨在帮助学生和公众了解如何评估报纸、广播和电视等传统媒体来源提供的内容。除了这些广泛可用的媒介形式，家庭以外的主要信息来源是大众或学术图书馆，这也解释了为什么信息素养领域是从图书馆学这一学科中产生的。

从历史上看，图书馆一直是搜集价值不菲且来之不易的信息源的地方，例如各种各样的书籍、期刊和报纸。图书馆将搜集的信息提供给特定的社区，如大学生或广大公众。当有了缩微胶片、光盘数据库和在线信息源等新媒体后，图书馆继续向人们提供这些有价值且往往昂贵的资源，任何人只要有借书证即可获取。

随着信息源变得日益复杂、技术精密，图书馆员不断应对变化，重塑了自己的职业，从书籍和手稿的搜集者和保存者转变为信息专家。随着信息资源呈指数级增长，并 87
通过无处不在的计算机和移动设备进入我们的教室、家庭和工作场所，图书馆员创建的信息素养领域提供了一个让我们能够获取每个人所需信息的框架。

在高层次上，信息素养“是识别需要什么信息、理解信息是如何组织的、为既定需求识别最佳信息来源、定位这些来源、批判评估这些来源并共享信息的能力。它是关于常用研究技巧的知识”[17]。具备“信息素养”的人理解并按照以下步骤操作：

定位信息——这一步包括使用各种技术找到最高质量资源的策略，而不仅仅是简单的网络搜索。

评估信息——这一步包括通过一组测试来分析信息的质量，包括准确性、相关性和及时性。

组织信息——这一步使信息搜集变得有序，这种秩序随着信息资源呈指数级增长，并通过无处不在的计算机和移动设备进入我们的教室、家庭和工作场所，信息素养提供了一个让我们能够获取每个人所需信息的框架。

有助于确定信息的模式或使信息对特定任务（如撰写研究论文）更有用。

综合信息——这一步把搜集、评估和组织过的信息用于完成任务，如回答问题或创建“工作产品”（如前面提到的研究论文）。 89

交流信息——这一步包括与他人共享已创建的内容，例如，问题的答案或研究论文，这些信息可以成为具有信息素养技能的人浏览的信息生态系统的一部分。

阅读本书“延伸阅读”部分将帮助你了解这些步骤的更多细节，以及一般意义上的信息素养。

重要的是要记住，无论你的背景知识是来自印刷文字还是数字资源，无论是来自多年钻研的一个主题还是针对特定任务的网络搜索，当涉及批判性思维时，底线就是，如果你不知道你在谈论什么，你就无法对该主题进行批判性思考。

创造力

如果批判性思维只涉及事实和逻辑，那么把创造力看

作批判性思维的一个核心技能似是不得其所。正如上一章对最新版本布鲁姆分类法的讨论所示，创造力（由动词
90 “创造”代表）位于金字塔的顶端——换句话说，它代表了高阶思维技能中的顶峰。那些绞尽脑汁想做出优雅的逻辑证明或化学推导的人都可能认为想象力和创造力在这种智力成果中发挥着重要作用。

约翰·杜威在《我们如何思维》一书中描述了解决问题的方法，在该书的背景下，创造力在批判性思维过程中的广泛应用也是有意义的。这种方法包括提出一个假设并测试它，如果测试失败就拒绝这个假设，如果通过测试就有条件地接受它。

杜威提出的方法受科学启发，但适用于所有需要反思的项目。他所描述的思维过程既是系统性的，也有创造性的元素。这是因为，如果不是某人想象出以前未提出或未测试过的可能性，那么需要测试的假设和测试它们的实验从何而来？

科学家并不是只从事实或观察中汲取灵感。他们也找寻模式、设计实验，让新的模式和观察浮出水面。像任何形式的艺术一样，无论是绘画还是科学实验，寻找可能不

太明显的模式或创造新事物从根本上来说是一种创造性行为。

近几十年来，产品设计对流行产品（如苹果手机）的成功所起的作用，激发了人们对商业和教育等不同领域基 91
于设计的过程的兴趣。“设计思维”作为一个包罗万象的术语，用于指代日益流行的基于实验的对知识形成、发现和“制造”的迭代方法。[18] 当人们尝试将艺术（包括设计等实用艺术）纳入曾经被认为只是科学和数学的学科，STEM（科学、技术、工程和数学）变成了STEAM（加上“A”代表艺术）。[19]

有一种办法可以让我们发现创造力在批判性思维中的作用，这便是将创造力视为提供结构化推理（由你已经阅读过的其他批判性思维工具提供）可以应用的新材料。在这种情况下，材料最初可能只存在于想象中。正如杜威一个多世纪前在《我们如何思维》一书中所写的那样：

> 孩子们滔滔不绝的富有想象力的故事，其情节连贯性高低不等，有的支离破碎，有的节奏分明。这些情节联结到一起时，模拟的是反思性思想。事实上，

这些故事通常是出自具有逻辑能力的头脑。这种富有想象力的构思往往会成为严谨思考的前奏，为之铺平道路。从这个意义上说，一个思想或观念是一个没有实际存在的事物的心理图像，而思考是这些画面的连续。[20]

92 ## 倾　向

就目前的讨论来看，本书已经介绍了一个批判性思考者应该具备的特征——比如好奇心、同理心和创造力——这些特征似乎更像是人格画像，而不是一门课或一套学术标准。这些术语也被称为属性或行为特征，与人的倾向有关。这些倾向描述了当从事批判性思维的人把与推理相关的知识和技能应用于现实生活情境时应该展现出的行为。

随着批判性思维课程的激增，特别是从20世纪80年代开始的高等教育中，参与这些课程的教师和在批判性思维教育领域工作的研究人员进行了深入研究。研究人员发现，为了开展有效思考和深入反思并将这种能力付诸实践，特别是在深思熟虑不是一个人的唯一选择或第一本能的情况下，有一系列可以促成这些目标的倾向。

批判性思维基金会成立于20世纪80年代，是一家总部位于加州的非营利性组织，该组织一直是美国支持批判性思维教育的主要力量。[21] 该基金会的工作包括制定发展一套阐明批判性思考者定义的框架，该框架包括一套“有价值的理智特征”，类似于批判性思考者应该具备的许多其他 93
个人特征。[22] 该基金会的清单包括以下属性：

理智谦逊——认识到自己知识的局限性以及自己在推理中的潜在缺陷。

理智勇气——即使面对社会压力，也能自信地为自己的信念辩护，而不是被动接受别人所谓的事实。

理智共情——愿意设身处地，以便更好地理解别人的立场。

理智自主——独立思考，同时控制自己的推理。

理智正直——诚实思考和论证的能力，以同样严格的理智标准对待自我和他人，以及愿意承认自己的错误。

理智坚韧——准备做出艰苦的智力努力来克服障碍，以求解答问题或论证自己的立场。

对理性的信心——相信随着时间的推移，众人受益的最好方式是把理性视为获得知识和解答问题的最佳途径。

94 **公平心**——不论自己持有何种信念，不论对正在讨论的问题有何情绪反应，也不论面对何种社会规范（比如在同辈压力下被迫认同一种观点），付出真诚的努力，公平地对待所有的观点。

值得注意的是，除了智力情况，这一套倾向包含了人类状态的许多面向，比如我们的情感、伦理和社会面向。因此，以单独或协作的方式，我们可以使用倾向来定义具有批判性思维的人。例如，理智谦逊（要求我们认可自己的局限性）和理智勇气（要求我们在认为自己的信念背后的理由是被辩护的时候坚持自己的信念）可以作为两极，在这两极之间出现了平衡性的中道特征，也定义了理智美德。[23]

这些倾向也有道德维度。例如，共情和公平是你希望别人怎样对待你，你就应该怎样对待别人这一观点的理智变种。几乎在所有宗教和伦理传统中都涉及互惠这一“黄金法则”，该法则也体现了共情和公平的精神。同样，就像任何形式的正直一样，理智正直预设存在一套绝对的道德准则，平等地管辖着每个人的选择。

96 该基金会列出的理智特征是教育工作者和研究人员

以单独或协作的方式，我们可以使用倾向来定义具有批判性思维的人。

用来定义批判性思考者应具备的全套性格的众多特征之一。事实上，在过去的几十年里，已经产生了如此多不同的理智美德。我们仍需花费心思将它们整合成一个全面的集合，把那些以不同名称传播的特征加以合并，比如好奇（inquisitiveness）和好奇心（curiosity），或者把那些可能代表同一概念的不同方面的单词和短语进行统一，例如尊重不同的观点和开明（open-mindedness）。[24]

读者在下一章将会发现，对于如何将批判性思维教育纳入现有的小学、中学和高等教育系统，学者们众说纷纭。但是，即使将批判性思维作为教育的首要目标，并在教育生态系统中赋予逻辑和论证等主题新的显著地位，令人疑惑的是，在这样一种体制中，与传授理智美德相关的“道德教育”扮演何种角色，应该如何进行，甚至能否被纳入其中？

众口一词

虽然本书的目的不是在各种美德清单或批判性思维的
97 定义中挑选最爱，但值得注意的是，该领域的工作者有一个重要的共识，即批判性思维由三个相互关联的部分组成：

知识——对批判性思维组成部分的知识，如逻辑、语言和论证。

技能——将批判性思维的组成部分运用到现实生活的能力。

倾向——个人的相关特征，能将推理置于比其他学习或决策方式优先的位置，愿意并能够使用批判性思维的工具，并承诺以诚实和符合伦理的方式使用自己的批判性思维能力。

无论是上述定义还是其他对批判性思维的定义或解释，都隐含着对批判性思考者的期望，期望他们意识到他或她自己头脑中正在发生的事情。这就是元认知，即对自己思维过程的意识和理解（该部分是批判性思考者需要培养的另一项技能）和愿意反思自己的思考（这部分是批判性思考者的另一种性格特征）。

虽然逻辑等核心技能在提高推理能力方面的作用显而易见，但像开明和共情等非认知属性所发挥的作用也可以 98
视为良好推理所需的重要工具。

要理解其中的原因，请思考上一章提到的诸多心理学洞见，也包括我们从自己的生活经历中知悉的一点：人类的心灵被划分为敌对的部分，包括理性、情感和本能。此外，这些个体作为某种社会系统的一部分与其他个体互动。让事情变得更复杂的是，即使我们试图让我们的理性发挥作用，想要做出深思熟虑的选择，而不是受情感或社会压力的役使，人类的推理也被证明是有缺陷的。人类的推理会产生错误并受到操纵，而这些错误和操纵是由我们大脑中或许已根深蒂固的偏见造成的。

有些人认为，倘若不是完全不可能，人类心灵的本性使人们很难做出理性的行为。即便如此，对理性充满信心的理智美德促使我们寻找和反思支持理性信念的理由，避免无脑听信别人的言辞或者在思维领域重蹈众人之覆辙。类似地，其他理智美德也提供了强有力的方法，帮助我们控制那些会让我们的思维误入歧途的情绪、本能或偏见。

例如，开明意味着愿意对自己不同意的观点保持开放
99 态度。如果非得思考（甚至倾听）对立观点，人的情感部分可能会产生内心的不适，而确证偏见则使人们更容易接受支持自己观点的证据和论证，而非反驳自己观点的证据和论证。但是，通过保持开明的心态，我们能更深入了解

自己尚不支持的观点。

保持开明需要在两种能力（或倾向）之间寻求平衡，一种是识别和拒绝不合理的论证（比如古怪的种族理论或永动机的提议）；另一种是避免把你反对的每一个论证都视为阴谋论。如果开明的倾向内化得当，这一美德会改变你往日所信，也会为你提供说服他人改变信念所需的洞见。如果争论的参与者或更大的群体（包括整个社会）中拥有开明的美德，崭新的答案和观念或会因此出现。这些答案和观念对任何人来说都会保持隐而不见，直到开明的个体把与批判性思维相关的知识、技能和品格运用于审议思考并参与讨论。

从这种乐观的观点来看，批判性思维能为我们面临的许多问题提供解决方法，从受部落主义和负面情绪驱动的政治问题，到由非理性思考方式引发或加剧的环境或经 100
济灾难。然而，在探索批判性思维给个人或世界可能带来的益处之前，我们需要应对阻碍批判性思维能力成为教育（如果不是整个社会）核心的挑战。这是本书接下来要讨论的主题，即如何定义批判性思维、如何教授批判性思维、如何评估批判性思维。

3

批判性思维的定义、教授和评估

到目前为止，读者已经了解批判性思维作为一个独特 101
概念的起源，以及提高我们的推理能力何以成为一个重要
的社会目标和教育重点。读者还学习了许多研究人员和教
育工作者认为批评性思考者所必需的知识、技能和倾向。

由于很少有人会反对将批判性思维更多地应用于解决
世界上诸多问题的必要性，教育者、雇主和政策制定者之
间关于这一主题的大多数讨论都是围绕如何提高批判性思
维能力展开。前面提到的分析表明，超过四分之三的雇主
认为他们雇用的毕业生缺乏这种关键能力，而几乎所有的
老师和教授都声称要把这种能力置于首位。当我们思考和 102
批判性思维的定义、教授和评估方式有关的重要问题时，
这是我们亟须探索的一个空白。

批判性思维能被定义吗?

在介绍批判性思维的谱系时，本书提到，尝试为该术语给出定义揭示了一系列重要的问题，这些问题直接关系到如何（甚至是否可能）教授和评估批判性思维。

不同的定义

在定义问题上缺乏共识并不意味着当你提到“批判性思维”时，没有人知道你在谈论什么。相反，在不同的时期，有许多相互竞争的定义，这些定义关注的优先项并不相同。

你已经见到一些学者尝试定义该术语，包括约翰·杜威在1910年对反思性思维的定义，即“针对任何信念或假定的知识，围绕支持它的理由和它所支持的进一步结论，展开的主动的、持续的和仔细的考察”，以及爱德华·格拉泽在1941年对批判性思维的多方面描述，即“（1）一种倾向于以深思熟虑的方式考虑个人经验范围内的问题和
103 主题的态度，（2）拥有逻辑探究和推理方法的知识，以及（3）应用这些方法的一些技能”。

1983年，加州颁布的要求中重复了这些定义，该州要求所有州立学院和大学的毕业生完成一门批判性思维课程，这门课程将帮助他们培养“对于语言之于逻辑关系的理解，以及随之而来的分析、批评和支持观点的能力，进行归纳和演绎推理的能力，并从明确的知识或信念陈述开始做可靠推论，继而得到事实性或判断性结论”。

前面提到的批判性思维基金会是一家总部位于加州的非营利性组织，数十年来一直致力于批判性思维教育。该组织提供了另一个定义，其中包含了几个优先事项，包括元认知（反思自己的思维）和克服偏见，前者被他们描述为内部产生（**自我中心主义**），后者则是外部催生（**社会中心主义**）。该基金会将批判性思维定义为：

> 一种思考者通过熟练的分析、评估和重构来提高思维质量的思维模式，可以与任何主题、内容或问题有关。批判性思维是自我引导、自我约束、自我监督和自我纠正的思维。批判性思维预设开展卓越思考的标准是严格的，需要认同这些标准并谨慎熟练地运 104
> 用。它包括开展有效沟通和解决问题的能力，以及

克服我们与生俱来的自我中心主义和社会中心主义倾向。[1]

在对学术著作的文献回顾中，培生教育出版公司的研究员埃米丽·莱指出，在哲学、心理学和教育领域，有十多种对批判性思维的不同定义。[2]这些定义包括：

“专注于确定持有什么信念或采取什么行动的反思和理性思考”[3]；

“以目标为导向的有目的的思维，以形成判断为目的的思维，且思维本身满足充分性和准确性的标准”[4]；

“人们用来解决问题、做出决定和学习新概念的心理过程、策略和表征”[5]。

来自培生的莱、马修·文图拉和克里斯汀·迪克尔博，与非营利性教育组织21世纪学习合作组织合作，发表了一篇题为“今天的技能：我们关于教授和评估批判性思维的知识”的论文。[6]本文为理解批判性思维提出了一个完

整的框架。为了创建服务于批判性思维教育项目的课程体系和评估方法，本文更强调可衡量的技能，而非落足于难 105
以评估的性格倾向。

一个最被广泛引用的关于批判性思维的定义来自1990年彼得·法乔恩博士主导的一项研究。法乔恩博士和46位来自美国和加拿大的批判性思维教育工作者开展了合作研究。这些研究者一半来自哲学系，另一半则是来自自然科学和社会科学院系，该研究旨在为批判性思维以及成为批判性思考者所必需的相关实践和素质创造一个共识性定义。这种共识是通过德尔菲法达成的。这是一种结构化的决策和预测过程，通过该方法形成了“德尔菲报告”[7]，该报告将批判性思维定义如下：

> 有目的的、自我调节的判断，能带来诠释、分析、评估、推理，也能对构成判断根据的证据因素、概念因素、方法因素、标准因素或语境因素做出解释。

虽然这些定义不尽相同，而且有些定义优先考虑某些

元素，但说它们彼此之间的差别大到无法就批判性思维的
106 内涵达成共识，就略显夸张了。上一章提到的批判性思维
的三部分本质——知识、技能和倾向——显然囊括了上面
列出的大部分定义。

一些定义（比如培生的定义）将知识和技能看得比倾向更优先，而另一些定义（比如批判性思维基金会的定义）则强调个体负有监督和完善自我思维的责任。定义当中优先事项的变化应被视为一种健康辩论的迹象，而不是缺乏定义带来的后果。几十年来教育标准的变化表明，语言和数学等传统学科的教学也在不断变化和进化，但被纳入批判性思维定义的要素在数量上要比构成生物学等更广阔领域的要素少得多。

在批判性思维定义的争论中，最实质的部分是关于批判性思维应该“包括”或“排除”哪些内容。有人主张某些科目（或这些科目的子集）应该在批判性思维的屋檐下找到容身之处，比如信息素养、修辞和创造力，这样的观点你在本书中已经读过。虽然有些人可能不同意上述科目的纳入程度，但纳入这些科目不会威胁到批判性思维项目的目标：创造能够进行系统和独立思考且具有自主性的个

批判性思维项目的目标：创造能够进行系统和独立思考且具有自主性的个体行动者。但是那些挑战这一目标的想法呢？

体行动者。但是那些挑战这一目标的想法呢？

108 个体思维与群体思维

马萨诸塞州大学英语系荣休教授彼得·埃尔博通过两步过程教授写作。第一阶段包括“自由写作和快速探索写作”，他将其描述为“在写作的第一阶段将警惕和控制推迟”，为开放式的灵感和直觉的探索腾出空间。只有在这个非结构化写作过程完成之后，作者才会采用结构化方法来完成他或她的作品。这通常通过与团体治疗类似的互动式小组批评会议完成。[8]

埃尔博并没有将这两个阶段区分为无纪律/创造性阶段与结构化/批判性阶段，而是将它们称为一阶和二阶思维。不论是在写作还是在一般的思维过程中，每一阶思维都有自己的好处和作用。在后来的研究中，他还提出了这样一种观点，即发现自己或他人思维中的缺陷的批判性思维是一种“怀疑游戏”，这种游戏需要补以“相信游戏”，即人们尝试在看似糟糕的推理（或写作）中找到优点。[9]

虽然传统的批判性思维实践中也有和埃尔博类似的观点，比如创造力的作用和宽容原则，但在群体环境中进行

第二阶段思考的好处也指向了这样一种观点，即思考可能 109
是一种社会行为，是发生在人与人之间的事情，而不是完全发生在具有自主性个体的头脑之中。哲学家康妮·米西默补充说，社会性思维可以提供“一种进化的观点，在这种观点中，如果缺乏历史和社会的参照点，好与坏、合适或合理，以及批判性思维等术语都是毫无意义的”[10]，她强调了社会规范可能对那些试图自主思考的人所起的作用。

从几个世纪以来的民主实验到今天的陪审团制度，以群体为基础的推理和决策过程可以等同甚至超越个人的思考，这种想法有先例。例如，在进行估算时（比如猜测一个罐子里有多少颗糖豆），相比于依赖个人选择的策略来确定正确的数量，通过计算出多人猜测结果的平均值往往会产生一个更接近事实的数字。卡斯·桑斯坦，《助推》[11]一书的作者之一，主张将某些人类认知偏见引向生产性的政策目标，他在2006年出版的《信息乌托邦：众人如何生产知识》一书中也探讨了群体推理[12]。互联网极大拓展了我们的交流和协作能力，受此启发，桑斯坦试图弄清楚哪些群体动力学会引发卓越的推理，哪些会导致破坏性的“群体思维”。

110 虽然社会思维背后的机制不如两千年前的逻辑规则那么容易理解，但在批判性思维过程中，沟通和协作显然起着重要作用。从定义的角度来看，把全新且复杂的各种人类活动倒进批判性思维的桶里，有可能会让桶里充斥一些与培养批判性思考者的目标只是部分相关的元素。

更宏大的图景

相比于在批判性思维结构中添加更多元素，另一种选择是让批判性思维成为更宏大事物的一个组成部分。

为实现这一目标而努力的著名方案之一是21世纪技能P21框架[13]，该框架由前面提到的21世纪学习合作组织创建。2002年，该组织组建了一个由教育工作者、雇主和政府领导人组成的联盟，描绘出新世纪学生所需的全方位技能。他们的完整框架覆盖面广，不仅包括思维技能，还包括内容、教学法和评估方法。然而，出于本讨论的目的，P21框架将批判性思维视作“4C”之一，“4C”包括批判性思维（critical thinking）、沟通（communication）、协作（collaboration）和创造力（creativity），四者组成有所重叠的领域。

P21框架将批判性思维视作“4C”之一，“4C”包括批判性思维（critical thinking）、沟通（communication）、协作（collaboration）和创造力（creativity），四者组成有所重叠的领域。

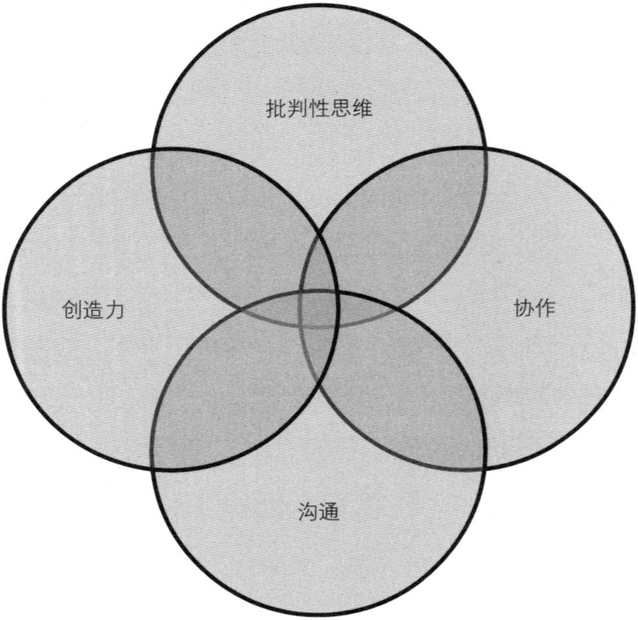

图10

112 当我们把这四种技能看作是相互交叉，而非相互包
含，我们就有办法理解它们之间可能扮演的角色。例如，
把批判性思维、协作和沟通进行交叉可用来定义参与社会
推理所需的技能，同时这也为该交集之外的个人批判性思
113 维技能留下空间。同样，批判性思维和创造力之间的重叠

涵盖了与反思和科学思维相关的创造性活动，例如构思假说和实验，同时在创造力圈中为与纯粹艺术相关的技能留下大量不重叠的空间。

随着批判性分析应用于批判性思维自身，一个不同且更具争议性的扩展框架正在发展。这个框架的倡导者承认传统的批判性思维实践的重要性，比如逻辑和论证，这些实践通常被称为批判性思维运动，但同时认为这些实践只是真正成为一个推理之人所需要的几个步骤之一。

随后的一步通常被称为批判性教育学。这一步要归功于后现代主义和解构主义等现代哲学运动。这些运动提出了诸多问题，其中一些问题关心的是，既然我们所掌握的工具（尤其是语言）有限，我们能真正知道什么。例如，那些与批判性思维运动有关的人和那些撰写批判性教育学的人赋予“批判性”一词不同的含义，正如马丁·戴维斯和罗纳德·巴内特在《帕尔格雷夫高等教育批判性思维手册》的介绍中所指出的那样：

> 批判性思维运动的学者们用形容词“批判的”来
> 表示“批判”（即意识到某些陈述或论证中的薄弱之 114

处）。他们的目的是让逻辑为清晰思维服务。相比之下，批判性教师将“批判的”理解为“评论”（即针对某些主张、信念或制度，识别出缺失或隐藏其后的意义维度）。[14]

这些缺失或隐藏的意义可能包括隐藏的权力结构或假设。这些权力结构或假设建立在一种文化的社会秩序中，以至于它们产生的偏见不易被察觉。因此，对于批判性教育者来说，批判性思考者的职责是捕捉这些假设，并借助相关知识揭示假设背后隐藏的结构。在《帕尔格雷夫高等教育批判性思维手册》的引言中，戴维斯和巴奈特指出了这一不断发展的拓展途径的更多定义性步骤，其中包括“批判性行动”。世界的真实运作方式会被面纱掩盖，批判性行动要求那些能够穿透面纱的人根据相关知识采取行动，使社会变得更好。

在这层面纱背后可能隐藏着什么样的假设呢？让我们选择一个与本书相关的领域。大多数启发批判性思维的领域（古典哲学、现代科学、心理学）和批判性思想家工具箱中的工具（如逻辑学和论证）起源于古希腊、前现代欧洲和现代欧洲，而“批判性思维”本身是一个在美国起源的概念。发展“批判性思维”概念的工作是否应该被视为揭示了关于人性的普遍真理，比如类似于重力或物质的原子本质的科学发现，抑或应该被视为特定（西方）文化的创造？如果是后者，那么在教授思维技能时，是否应该考虑其他文化中有效的推理方法？是否我们教授的逻辑形式代表的只是文化创造（甚至是强加的）而不是普遍真理？ 115

除了这些与文化相关的问题，像凯伦·沃伦这样的女权主义学者还撰写了一些关于批判性思维的分析，这些分析类似对科学的批评。她提出了这样的问题：在历史上，哲学、科学或学院等机构一直由男性主导，这些机构推崇追求知识的二分法，那么各种各样的区分、等级制度、判定“好”“坏”证据和推理的方法是否代表了这一二分法进路？[15]

那些更赞同批判性思维运动方法的人，欣然接受类似创造性、个人性格和伦理学等非机械的范畴，因此他们并不准备将教学法简化为机械的逻辑和论证方法。一些批判教学法和批判行动的倡导者推动了特定的政治议程，这些议程使那些接受更为人熟知的批判性思维进路的人提出疑

116 问：批判教学法和批判行动代表了批判性思维教育发展的下一步，还是试图在教学层面用思考的内容来取代思考的方式？

针对这些有趣的话题，我们不再进一步讨论。这并非因为它们在政治上令人担忧，而是因为对它们的讨论很快就会牵扯到知识论领域的复杂问题。知识论是哲学的一个分支，它关心我们如何才能获得知识。[16] 然而，关于这些争论的文章你读得越多，你就越会注意到，至少到目前为止，双方的支持者仍然使用批判性思考者一般的工具箱（逻辑、论证、有说服力的沟通）来呈现和论证他们的观点。

批判性思维能被教授吗？

与如何定义批判性思维的问题一样，关于教授批判性思维的争论较少涉及教授的可能性，而更多的是关于教授的最佳方法。毕竟批判性思维中一些最重要的要素，如逻辑，已经被教授了两千多年，这比现在传统学校课程中几乎其他任何科目的教授时间都要长得多。因此，关于教授和学习批判性思维的讨论需要聚焦于教授的时间、地点和方式，而不是教授的可能性。

何时开始？ 117

宾夕法尼亚大学医学院神经科学教授弗朗西丝·詹森博士在2015年的畅销书《青少年大脑：神经科学家养育青少年和年轻人的生存指南》[17]中，把她的专业经验运用到研究年轻人（包括她的两个处于青少年时期的儿子）的心理成长和行为上。

詹森分析了针对大脑各部分如何发育、单独工作和协同工作的相关研究，对脑成像技术的进步颇有掌握。她指出，正如婴儿时期是语言和运动等区域中认知能力大规模扩张的时期，青春期也是大脑控制推理的部分快速增长的时期。到了这一阶段，大脑可能不会大量发育，但随着儿童成长为青少年，神经元之间的突触连接会继续迅速扩张，但扩张得并不均衡。突触连接决定了大脑的复杂性，并控制着心智能力的层次。

从青春期早期过渡到成年早期的过程中，无论是写作业和竞争性辩论，还是请求晚点睡觉或拿车钥匙，正是突正如婴儿时期是语言和运动等区域中认知能力大规模扩张的时期，青春期也是大脑控制推理的部分快速增长的时期。

触连接的增长导致年轻人辩论和争论能力迅速提升，詹森记载的不平衡增长也有助于解释为什么这些经常展露的推 119
理能力并未转化为日常事务中更好的判断。

事实证明，大脑的发育是“由后向前”的。前额后面的前额皮层一直与决策和自我控制有关，但直到人类生长到20岁到25岁左右，前额皮层才与大脑中控制系统推理的其他部分完全“连接”起来。该事实有助于解释为什么学生可以花一上午的时间在考试中取得优异成绩，并在课堂讨论中熟练地为自己的立场做辩护，然后又在下午做出冒险行为或愚蠢的选择。

除了能帮助孩子和父母更好地理解青春期出现的行为模式，这些心理学发现还表明，青春期是向学生介绍结构化的推理和论证形式的理想时期。推理和论证需要借用的能力正是学生们在这个阶段已经发展起来的自然能力。

对大脑发育的研究指出，在特定的时期（中学）展开批判性思维技能的教学，听众比较容易接受。但对于孩子们何时可以开始发展批判性推理能力，并没有明显的下限。

例如，2013年英国的一项研究发现，根据多种教育程

度衡量标准来看，向小学生教授哲学产生了积极而巨大的
120 影响，影响的领域包括读写能力和数学技能，并且这种影响在低收入学习者中尤为明显。

在2013年的研究中，儿童哲学（P4C）项目是由教育哲学探究与反思促进学会（SAPERE）创建的。该项目会让儿童参与真正的哲学辩论，比如“什么是真理”，也会讨论霸凌等伦理问题。在一项试验中，接受过P4C方法培训的教师会带领学生讨论，讨论平均每周进行一次，并会持续数月。[18]

有一项P4C的研究涉及近50所学校的3000多名学生，正如该研究所说，“该项目旨在增进孩子们提问、推理、构建论证并与他人合作的意愿和能力”。定期的哲学讨论会让语言和数学等科目分数提高，这背后的确切机制尚未完全清楚。但与哲学相关的方法——比如做出清晰的陈述，寻找和阐明信念的理由——肯定在语言、数学和其他所有学科的教学中发挥着作用。该项目对年轻学习者产生的积极影响表明，批判性思维的教学可以从低年级开始，这是致力于将哲学推广给更广泛受众的大众哲学家所接受的一个目标。[19]

别的研究也支持这样一种观点，即与年龄相符的批判 121
性思维内容可以促成孩子们在校期间批判性思维能力的发展。[20]很多重要的教育举措都建立在对基于年级的批判性思维发展的更深入理解之上，比如共同核心英语语言艺术（ELA）和数学标准就影响了美国大多数州数百万学生的教学。

例如，第一个共同核心ELA写作标准要求学生在低年级（K-5）写出自己的看法，而在6年级到12年级看法写作会演变成议论文写作。在每个年级，对于理解论证的逻辑结构和评估证据质量的要求会逐步变高，直到12年级共同核心ELA写作标准变得得心应手。该标准是大学水平的批判性思维课程的学习目标，表述如下：

> 引入精确且有见识的论点，确立论点的重要性，将论点与其替代或相反的论点区分开，并要把主张、反驳意见、理由和证据按照逻辑顺序排列，构成一个整体。[21]

关于学术标准和教育方法的讨论引出了另一个关于批 122

判性思维教学的问题：在课程中应该在哪里进行批判性思维的教学？

批判性思维应该在何处“生长”？

在高等教育中，学科专业课程、跨学科课程和补习课程并存，许多学院和大学的课程目录中都有专门教授批判性思维技能的课程。加州大学系统仍然要求学生修完批判性思维课程才能毕业，虽然加州1983年的倡议没有在其他州立大学系统引发类似的要求，却促使高等教育中批判性思维课程的大幅扩张，这些课程经常由学校的哲学系开设，但不限于哲学系。

除了开设专门的批判性思维课程，还有一种方案就是将批判性思维教学融入写作、科学和历史等特定学科中。该方案使得受过这些学科训练的教师有能力将适当的批判性思维技能整合到学生已经学习的内容中。例如，上面引用的ELA议论文写作标准，让学生有机会在写作他们感兴趣的主题时了解逻辑的结构和证据的质量。同样，教授科
123 学方法的科学教师可以将这些见解与批判性思维教学法结合起来，向学生展示如何将假设的形成与检验应用于任何

形式的探究。

很多情况下，决定在哪里教授批判性思维是出于实践而不是教学的原因。学院和大学可以提供专注于特定主题的选修课，但大多数围绕传统学科（尤其是语言、数学、科学和社会研究）建立并且愈发按照每个年级的特定标准进行教学的公共教育系统，不具备这种灵活性。

1989年，伊利诺伊大学的教育哲学家罗伯特·恩尼斯呼吁教育工作者和研究人员不要把专门开设的批判性思维课程与将批判性思维教学整合到传统课程中视为一种二元选择。[22] 相反，他提出了一个框架，该框架包括四种概述批判性思维教学方法的进路——**通用法**、**灌输法**、**沉浸法**和**混合法**。

> **通用法**指的是一种试图教授批判性思维能力和倾向的方法，这种方法不会呈现现有主题的内容，而是旨在教授批判性思维……
>
> 在学科教学中，**灌输法**批判性思维教学是一种深刻的、深思熟虑的、易于理解的主题教学，这种教学鼓励学生在该主题中进行批判性思考，而与批判性思 124

> 维能力及倾向有关的一般原则也会得到明确说明。
>
> 另一方面，**沉浸法**是一种类似的发人深省的主题教学，在这种教学中，学生确实深深地沉浸在主题中，但批判性思维的一般原则**不会被明确说明**……
>
> **混合法**包括通用法与灌输法或沉浸法的组合。

在这个框架下，专注于批判性思维的大学课程属于通用一类，而将批判性思维教学融入特定学科的课程作业则属于显性类（灌输式）、隐性类（沉浸式）或混合（混合式）类。

基于该框架，恩尼斯断言，由于大多数情况下批判性思维都会用于某些主题，与独立的批判性思维教学（通用方法）相比，将批判性思维内容纳入传统科目中（无论是通过灌输法、沉浸法还是混合法）不一定效果更差。他还反对这样一种观点，即在不同的知识领域中，批判性思维的差别巨大，所以只有沉浸式方法才能处理好这些差异。正如他所说：

125 > 批判性思维中有许多跨领域的共性，例如利益冲

> 突会降低消息来源可信度的共识，以及区分必要条件和充分条件很重要的共识。虽然领域不同，但是……也有一个共同的核心基本原则适用于大多数领域（尽管不是每个原则都适用于每个领域）。[23]

迁 移

采取哪种进路的问题与批判性思维教育的关键目标之一有关：迁移。迁移是指学生将一门学科中学到的知识和技能，应用于另一门学科或与学术无关的生活诸多方面的能力。

当教育者论证他们在课堂之外所教授的内容仍然具有相关性时，他们主张自己所涵盖的知识和技能在其他领域也适用。随着学生接受的教育或从事的工作变得更深入或更高级，迁移的特性会为学生提供持续的优势。

在过去的几十年里，随着教育重点转向STEM（科学、技术、工程和数学）学科，人文和社会科学教师经常提出的一个看法是，他们的课堂为学生提供了培养可迁移的批 126
判性思维能力的手段。比如，写作老师不是在教学生如何巧妙地写出一篇文章，而是在训练他们的写作和思维技能，在学生的一生中这些技能可以在许多情况中得到应用。同样，在历史课堂上，基于可靠的证据和逻辑推理来讨论诸立场并为其做论证的能力，是课堂之外做出决策和说服他人的重要技能。

这种迁移主张暗示着，比如写作和讨论等特定学习活动，通过恩尼斯的灌输式或沉浸式方法，或隐或显地教授通用的批判性思维技能，比如逻辑、论证、权衡证据和有说服力的沟通。然而，该暗示也提出了两个问题。首先，致力于培养学生上述可迁移技能的老师接受过的培训和经验，是否足够将批判性思维的要素明确地融入教学过程中？其次，推理工具是否已经成为学生的第二天性，以至于浸润在教学良好的专业课程中，学生能通过潜移默化的方式成为批判性思考者？

这些问题也适用于数学和科学教师，他们可能会声称自己的学科为学生提供了磨炼和练习批判性思维能力的机会。例如，当学生在数学课上学习几何证明时，他们第一次有机会体验逻辑论证。然而，有多少数学老师会利用这
127 个机会向学生们展示，前提为结论提供了理由这一特质如何应用于任何形式的论证，包括不像数学那样基于演绎推

理的论证？同样，有多少教授科学的老师强调过，他们所教授的方法可以应用于不涉及与科学密切相关的受控实验的情况，比如选择你应该上哪所大学，或者哪个候选人值得你投票？这些使用特定学科内容来教授可迁移思维技能方法的例子引领我们进入下一个问题：应该如何教授批判性思维？

如何教授批判性思维？

恩尼斯提出他的四部分框架的文章，其副标题为“澄清和需要的研究”。文章结尾处提出了一个雄心勃勃的研究议程。该议程旨在确定他所定义的方法中哪种最有效。自这篇文章发表以来的几年里，足够多的研究为“元分析”提供了信息，这些“元分析”分析了数十项（如果不是数百项的话）关于批判性思维教育实践的研究结果，以识别发展趋势和宝贵洞见。

其中一项分析[24]回顾了117项为提高批判性思维技能而进行的“干预”的结果，总共涉及两万多名处于小学、
中学、大专和成年阶段的学生。这些干预措施涉及的年龄 128
组、文化、科目和学生跨度很广。到底哪些方法有效哪些

无效，我们很难做出概括或给出明确的答案。尽管如此，元分析的数据仍提供了重要的见解，尤其是：

> 将批判性思维作为一门特定内容课程中的独立模块来教授的混合法效果最好，而将批判性思维视为教学副产品的沉浸法效果一般。通用法（将批判性思维技能作为明确的课程目标）和灌输法（将批判性思维技能嵌入课程内容并明确地作为课程目标陈述）的效果差强人意。

研究人员还发现与教师准备相关的显著改善，并指出：

> 当教师在准备教授批判性思维技能时接受了特别的进阶培训，或者当课程管理和教师批判性思维教学实践受到广泛观察和汇报时，干预措施的影响最大。
> 129 相比之下，仅把提高学生的批判性思维水平作为课程目标，但在发展教师专业能力或细化课程设计与实施方面不下功夫，批判性思维的影响最小。

要成为一名批判性思考者，不仅需要掌握逻辑和论辩等学科的具体细节，还需要经常运用这些知识。

这些结果与前面描述的在英国进行的一项成功的实验相吻合。在该实验中，教师们接受了有关如何实施“儿童哲学”项目的深入培训。这项大规模元分析的观察结果也支持了以下常识，即：（1）要学习某门学科，学生需要受到明确的教导，而不仅仅是接触；（2）教授一门学科的人必须要精通内容（在这种情况下，是指专门与批判性思维相关的内容）和有关如何教授批判性思维的具体教学法。

想要通过学校教育培养批判性思考者，还必须考虑到上一章讨论过的一个广为接受的看法，即批判性思维不仅仅是要教授的内容，而是由三个相互关联的部分组成：知识、技能和倾向。这意味着，要成为一名批判性思考者，不仅需要掌握逻辑和论辩等学科的具体细节，还需要经常运用这些知识。

131 **刻意练习**

在我自己编写的关于批判性思维的课程材料中，借用总统竞选政治来教授逻辑推理、论辩和修辞等技能。我惊讶地发现，不需花费多时就能涵盖上述科目和许多其他科目的基础知识——例如，媒介和信息素养，以及引发偏见的情感和推理缺陷。我在从事教授高中生绘制论证图技巧的一个项目时，也经历过类似的事情。解释绘图所需的时间只占学生学习如何绘图所需时间的一小部分。在这些情况下，以及教授批判性思维的其他情况下，重点需要更多地放在借助刻意练习来培养技能，而不是简单的指导。

要理解其中的原因，请想想可以运用批判性思维的各种现实情况是何其复杂、何其多样。要理解如何将习题（特别是为了得到正确答案而设计的练习）中的一个简单论证转化为三段论或论证图，可能在几分钟内就可以完成。然而，“野生”的论证很少拥有如此简单和清晰的定义。报纸社论、广告或辩论表演可能包括多个相互关联的论证，有些强力、有些薄弱，并且这些论证向各个方向延
伸。要想洞悉这些信息或事件背后的逻辑结构，需要借助 132
大量的翻译工作消除晦涩和冗余，将论证化繁就简。此外，理解和评估眼前的论证也要借助进一步的研究挖掘和权衡证据。完成这些费力的事需要时间，但也让学生们体会到如何将批判性思维工具运用到日益复杂的情况之中。

需要多少刻意练习才能让你成为一个熟练的思考者呢？基于K. 安德斯·埃里克森和尼尔·查内斯的研究，来

自澳大利亚的研究员蒂姆·范·盖尔德给出了一个答案：

> 埃里克森发现，在许多不同领域达到最高水平的卓越与刻意练习的数量密切相关。有趣的是，埃里克森甚至发现，各个领域达到最高水平所需的练习量存在显著的统一性；臻致顶峰通常需要大约十年的练习，每天大约四个小时。
>
> 虽然埃里克森没有专门研究批判性思维，但有理由认为他的结论也适用于批判性思维。这意味着，只要我们的学生在培养批判性思维时开展大量的刻意练习，他们的批判性思维技能将得到最有效的提升。133 关键之处在于，刻意练习不仅是针对某个话题进行批判性思考（例如，在写哲学论文时展现出“批判性”），还包括一些旨在提升批判性思维技能本身的特殊练习。[25]

成为一名熟练的批判性思考者可能需要数千小时的练习。显然，就算是最苛刻的批判性思维专业课程也无法提供这么大量的训练，更不用说一门涉及不同学科的课程了，这种课程必须在发展一般和具体学科的思维技能与学习课程内容之间取得平衡。因此，这些专门和综合的课程需要告诉学生批判性思维的本质和实践，并激励他们继续开展刻意练习，就像奋发的运动员每天花费几个小时来训练自己的身心素质，以预测和应对赛场上不断变化的条件一样。[26]

或者尝试另一条路，格斗竞技场！毕竟，很少有体育运动能像武术一样，将长久的刻意练习与通过熟练度展示衡量进步相结合。这种技能掌握的模式促使伊隆大学的安·卡希尔和斯蒂芬·布洛赫-舒尔曼按照武术工作室的思路重新设计了他们的高等教育辩论课：

> 在［武术］课程中的每一个连续的级别评估中， 134
> 学生们被要求证明他们保持了在前一个腰带级别中取得的技能。重要的是，一位优秀的老师不会根据学生的努力程度来颁发腰带：学生是否努力掌握某一动作与此无关。问题是，学生能出拳吗？

> 我们已经将这些武术教学法的洞见应用于实现熟练论证的目标。实现熟练论证的意思是发展理解、评估和构建论证的能力，这样一个人就有了在广泛的情境中使用这些技巧的技能、习惯和倾向。[27]

爱荷华大学前哲学教授凯文·德拉普兰特进一步阐述了批判性思维和武术训练之间的类比。借助批判性思考者学院提供的在线课程，以及最近正在开发的一个名为“论证忍者”的项目，德拉普兰特毕生致力于向更广泛的公众传授批判性思维。[28]

德拉普兰特的论证忍者项目把武术教学法应用于传统
135 批判性思维课程中的推理技巧，以及心理学中有关人们如何互动（特别是当他们出现分歧或试图说服对方时）的洞见。除了教学和提供将批判性思维技能付诸实践的机会外，德拉普兰特还开发了一系列带级课程，让学习者有机会对阻碍自己和他人开展清晰客观推理的偏见和其他心理因素进行元认知。

德拉普兰特的目标是培养“理性说服者”，即那些能够使用说服工具，将理性（在理想情况下也是符合道德的）的论证变得可靠和令人信服的毕业生。该进路包含了完整批判性思维模式的三个部分：知识的获取，技能的发展，以及与批判性思维相关的个人性格的培养，如好奇心、坚韧、理智谦逊和理智勇气。这些性格代表了理智层面的美德。就像其他美德一样，这些美德很难在传统课堂上教授，但在其他学习环境中的参与者却很熟悉这些美德，如武术道场、运动队或童子军。

不明确的问题

虽然对批判性思维教学方法的研究仍在进行之中，但从这一领域已经完成的工作中我们可以得出下述见解：

> 无论是作为专门课程的一部分，还是作为其他课 136
> 程的组成部分，与批判性思维相关的知识应该得到明确的教授。
>
> 希望在课程中包含批判性思维内容的教师应该接受培训，培训内容包括特定的批判性思维技能以及如何教授这些技能。
>
> 如果批判性思维被整合到另一门学科中，那么整

合时应该为学生提供与批判性思维技巧的持续互动，而不是将批判性思维主题从课程安排的其余部分中分离出来，放在一两节课中。

应该给学生大量的机会，让他们通过刻意练习来运用所学知识。

除了这些一般性原则，还有一些创新的教育技术可以应用并且已经用于教授批判性思维技能，例如指导式讨论、探究式学习和项目式学习。前面描述的武术风格的论证课程虽然新颖，但也借鉴了广泛使用的教育方法，如基于能力的学习，这种方法将进步建立在对明确的学习目标的展示性掌握，而不是基于“就座时间”或总结性分数。

137 这些技术的一般使用与批判性思维教学的特定使用有一个共同特征，即这些技术会运用于批判性思维领域中的“不明确的问题”，这些问题并没有简单的解决方案，或者答案没有对错之分。

考试或习题有正确或错误的答案，可以客观地评分，但是不明确的问题不一样。这些问题是开放的，通常涉及没有明显解决方案的决策。这些问题可能涉及一定程度的主观性或道德困境，我们需要在诸多选项中进行抉择，而每个选项都有利弊。这些不明确的问题反映了学生们在课堂内外需要思考的大多数情况所具有的复杂性，这些情况也正是在学习和生活中需要批判性思维来发现真理或做出理性的、有依据的、深思熟虑的决定的情况。

“不明确的问题”这一概念也把我们带回到约翰·杜威最初有关人们如何学习的心理学洞见。根据杜威的实用主义哲学，不明确的问题在学生们的头脑中逐渐产生怀疑，人们努力想要消除这些怀疑，也正是这一过程激发了学生们的好奇心。世界上有多少问题无法给出简单、明确的答案，有鉴于此，许多激发疑问、定义不清、开放式的问题很可能与学生已有的兴趣相重叠。因此，成功的批判 138
性思维教学关键在于管理学生解决疑问的过程，以最有可能获得真理或做出明智选择的智性高产方式来引导该过程。

不明确的开放式问题无所不在，这为学生们探索任何主题上的复杂问题提供了近乎无限的机会。但是，这些问题的开放性本质以及批判性思维本身的多部分性质提出了另一个重要问题，批判性思维能力可衡量吗？在一个优先考虑学术责任的时代，把培养批判性思考者作为学术目标与这个问题密切相关。

批判性思维可衡量吗?

在世界各地的学术和职业环境中，有许多商业性的批判性思维评估。很多评估方式是由你在本书中读到的一些研究人员所设计的。

例如，爱德华·格拉泽提出了沃森-格拉泽批判性思维评估法，这种评估法经过专业设计，现在广为流行，而格拉泽也是最早提出批判性思维多部分定义的专家之一。彼得·法乔恩负责监督德尔菲研究，该研究旨在就批判性
139 思维的定义达成一致。法乔恩帮助创建了基于德尔菲共识定义的加州批判性思维技能测试。考虑到德尔菲研究和其他工作揭示了品格的重要性，法乔恩和他的同事们还创建了加州批判性思维品格量表，这是一种调查式的评估，旨在衡量重要的理智美德，如开明心和好奇心。

还有其他一些已公布的考试，比如康奈尔批判性思维测试、赫珀恩批判性思维评估、恩尼斯-威尔批判性思维

论文测试和大学学习评估。[29]尽管有一些研究表明这些测试声称要测量的内容之间存在高度重叠，但上述考试仍有自己的重点和结构。其他专业设计的考试，如申请美国法学院所需的法学院入学考试，包括一般性的以及与法律相关的逻辑推理问题。

此外，如果我们假设大学里教授的所有一般的批判性思维课程都包括小测验、考试、作业和其他形式的评估，那么在课堂上就会创建或实施各种各样的批判性思维技能评估。这也包括布置给小学、中学和高校学生的特定学科测试和作业，通过这些测试和作业能评估高阶思维技能，140
例如基于有效的论证和充分的证据撰写有说服力的文章的能力。

为了测量批判性思维能力，人们做出了各种努力，其中一些是由多年来研究或教授这门学科的研究者进行的。努力的结果表明，测量批判性思维能力是可能的。但这真的有效吗？

批判性思考者工具箱中有一件东西叫背景知识，它可以帮助我们更好地理解评估所起的作用，即在确定某人是否拥有成为批判性思考者所要求的知识、技能和倾向时，为了测量批判性思维能力，人们做出了各种努力，其中一些是由多年来研究或教授这门学科的研究者进行的。努力的结果表明，测量批判性思维能力是可能的。但这真的有效吗？

或者确定学生的这些能力在整个学习过程中的发展程度时，评估所起的作用。

专业测试发展

回答有关批判性思维评估的本质和有效性问题时，我将寻求专业考试设计领域的特定背景知识的帮助，该领域使用科学方法创建标准化的学术、专业执照和高风险商业考试。

专业考试的开发过程不是从编写问题开始，而是从研究和计划开始，其重点是确定需要测量的内容。例如，游泳测试并非只要求某人跳入水中然后自由发挥，而是要衡 142
量他们进行一系列特定活动的能力，例如正确地展现特定泳姿或在规定的时间内踩水。在这个例子中，这些活动代表了确定游泳能力级别的**建构**。

对于标准化的学术测试，这种建构通常包括展示对内容的掌握，例如被纳入州、地区或国家的学科领域标准的学习目标。但是建构也可以不那么直接。例如，在美国，像SAT和ACT这样的大学入学考试是基于一种建构，该建构表明学生的语言和数学能力可以转化为大学的成功。尽管这些考试的出题者用了几十年的研究来证明这种相关性，但越来越多的大学不再要求申请者参加标准化考试，这一事实意味着大学对这类标准化考试建构失去了信心。

虽然缺乏对批判性思维的一致定义并不妨碍批判性思维教育（因为教师总是在所有主题领域对同一主题采取不同的方法），但创建旨在衡量批判性思维能力的考试必须选择一些定义，而这些定义将为考试的构建提供信息。

例如，沃森-格拉泽批判性思维评估将批判性思维描
143 述为“从多角度看待一个情况，形成清楚的理解，同时将事实与观点和假设分开的能力”[30]。根据该定义，与考试相关的文献将其描述为衡量下述能力：区分事实与假设、进行推论、评估论证、得出逻辑结论。

如前所述，加州批判性思维技能测试是基于德尔菲对批判性思维的定义以及在知识和技能领域的报告结果，比如分析、解释、推理、评估、解释、演绎、归纳和计算（解释定量信息的能力）。其他的专业考试基于不同的定义，这些定义足够详细，可以为计划和测试开发过程提供信息。

考试设计的计划阶段也是基于研究的，这通常涉及对

既有文献的回顾并接受专家的意见。这一阶段的目标是创建某种形式的考试“蓝图”，以明确考试将涵盖哪些知识、技能和能力，以及其他实际因素，例如如何管理考试（例如，纸质考试或在线考试）、考试时间和成本。只有在研究和计划阶段完成之后，才会开始创建测试内容。

在构建考试时，不同类型的测试形式可用于度量不同
类型的知识、技能和能力。举例来看，个人属性或行为特 144
征通常通过调查评估来衡量，这些评估有时由候选人填写
（称为自我调查），有时由外部评估师填写。

有正确和错误答案的测试问题被称为**封闭答案项或选择答案项测试**。多项选择题是使用最广泛的选择答案项测试类型，尽管配对题和判断题等变体也属于这一类。

由于选择答案项测试的评分过程可以完全自动化，评分变得简单且可拓展，但答案选项可能相当复杂。例如，问题可能包括很复杂的**示例**，比如文本段落或多媒体，然后要求学生综合信息或执行计算等任务，从而得出用于在多项选择题中选择正确选项的结果。

在某些情况下，测试构造变得过于复杂或具有多重面向，无法通过单个测试项来度量。这些情况需要求助**基于**

表现的评估，让学生完成一项任务，并根据各种标准评估其结果。尽管其他工作成果（称为**人工产品**）可以作为评分基础，比如由观察者进行评估的公开演讲活动，但最常
145 见的表现评估还是论文写作。某些表现评估也可以自动化，例如基于软件工具和应用程序模拟的软件技能测试。

一般来说，考试的复杂性和可扩展性互为掣肘。因此，最广泛使用的考试，如标准化学术评估或大学入学考试，往往依赖于多项选择题和其他类型的客观题。出于同样的原因，大多数商业批判性思维考试使用构造答案项测试，如通过多项选择问题来评估各种技能，比如做出推论、评估推论或从现有证据中得出结论的能力。例如，以下是来自沃森－格拉泽的一个测试项目：

> 200名10岁出头的学生自愿参加了最近在中西部城市举行的周末学生会议。这次会议讨论了种族关系以及如何实现世界持久和平等主题，因为学生们认为这些问题是当今世界上最重要的问题。
>
> **推论1**
>
> 相比于其他大多数10岁出头的学生，参加会议的

学生群体对广泛的社会问题表现出更浓厚的兴趣。

（1）真 146

（2）可能为真

（3）数据不足

（4）可能为假

（5）假

请注意，这个测试问题中有一个简短的阅读段落，学生必须通过分析来回答问题。在要求学生根据证据得出结论的批判性思维评估中，使用示例是常见的做法，有些测试会提供多个示例让学生处理并回答一个问题。这使得选择答案项测试能够评估更高级的思维技能，例如信息整合的能力。

旨在衡量性格的测试大多使用调查式问题。这些问题让考生评估自己对以下陈述的同意程度：

“在需要我进行独立思考的工作中，我总是做得更好。”

“在细致考虑过我的选择之前，我不会做出决定。”

“我试着从别人的观点中发现优点，即使我后来会拒绝它。”

147 这类调查评估往往包括大量的项目，包括从不同角度评估相似属性的项目，以及旨在检测考生在自我评估中是否坦诚的项目。

要求人们完成开放式工作的表现评估，可以引出相互关联技能的更复杂的证据。例如，大学学习评估是最著名且最受认可的批判性思维能力表现测试之一，它为考生提供了一套可以用来写短文的资源。虽然仍然受到限制，但这是一个比回答多项选择题更开放的作业。学生可以提出自己的论证，而不是分析和批评那些为考试而设计的论证。

专业测试开发过程的最后阶段是“验证”，这涉及通过研究确定测试是否准确地评估了建构。重要的是要记住，测试本身并不是“有效的”。相反，测试的验证通常包括通过多种方式搜集证据，以证明测试正在测量它声称要测量的内容。这些方式可以包括由学科专家对考试内容
148 的回顾，或者将考试结果与同一知识体系或一套技能的独

立测量结果进行比较。此外，高风险考试的验证通常包括对考试结果的分析，以确定考试是否在种族、性别或年龄等方面歧视考生。

何者有效？

像大多数标准化测试一样，商业化的批判性思维评估一直受到批评。

比如，基于自我报告的调查评估有时会受到怀疑[31]，因为学生很容易通过不诚实、无意间歪曲自己的观点或夸大对自己能力的评估来“作弊”。这一担忧适用于任何调查，包括那些支撑一个世纪以来重要社会科学研究的调查。为了减轻这样的问题，高质量调查评估的开发人员同样遵循计划、创建和审查测试项目（在这种情况下调查问题的措辞）的过程，并验证所有专业设计的评估所经历的评估结果。还应指出的是，调查式评估通常用于研究目的，而不是用于成绩评定等高风险情况。

就使用封闭式回答项的测试来看，因为在许多批判性思维评估中使用的示例往往是写下的文字，有人质疑测试成绩可能不是展现批判性思维能力的指标，而是展现其他 149

能力的强力指标，比如阅读理解。[32] 使用受限的示例材料，比如需要被评估某些特质的论证，也引发了人们的担忧。只包含这类问题的测试能否让学生展示他们处理不明确问题的能力？毕竟大多数人将批判性思维技能应用于现实世界时面临的是不明确问题。

批判性思维测试也面临着一些与一般认知能力测试相同的挑战，比如那些旨在测量智商的测试。这些问题包括：智力是否应该被认为是一种天生且可测量的特征，多元智能（包括情商和创造力）是否可能在单独关注认知能力的测试中得到体现，以及可测量智力这个概念是否基于某些文化假设和对人类本性和心智的不准确的看法？即使是特定的测试问题，如前面展示的沃森-格拉泽测试，也可能包含不适用于所有社区的文化假设（例如，在一些社区，身处青春期前的孩子的父母负担不起把孩子送到离家很远的地方参加周末会议的花销）。

这些问题都很合理。有鉴于此，研究人员和考试的开
150 发人员试图从过去的错误中吸取教训，包括历史上对个人和群体智力测量的误用。[33]

除非认为每一个商业性批判性思维评估和批判性思维

课程中给出的每一个测验、测试或作业都毫无价值，否则那些想要衡量批判性思维能力增长的人面临的真正挑战是，如何确定哪些评估或哪类评估能够衡量学习者试图培养的特定批判性思维要素。换言之，我们不是缺乏评估批判性思维技能的工具。测试选择有多种多样，但每一种测试对批判性思考者的理解却不尽相同。

课堂上的批判性思维评估

到目前为止的讨论都和专业设计的测试有关，比如商业上可用的批判性思维评估工具。一些教师使用公开发布的工具，例如，在课堂开始和结束时进行此类测试，以确定学习层面的进步，或者用作期末考试。然而，更常见的是，教师们根据课程的具体情况进行设计，自己创造评估工具。

创建有效且专业的考试的过程要历经系统化的步骤且花费不菲，但在学术环境中进行的绝大多数考试都没有经过这一过程。相反，学术测试是由教师创建的，他们在此 152
过程中承担了专业测试开发过程中专家团队所扮演的所有角色：选择要衡量的学习目标，编写测试问题，自己评分换言之，我们不是缺乏评估批判性思维技能的工具。测试选择有多种多样，但每一种测试对批判性思考者的理解却不尽相同。

或为其他人（例如助教）给学生作业评分提供指导。

除了成本低、灵活性强之外，教师自行评估的优势还在于教师可以根据自己的教学方法创建准确的评估。他们还可以探索一系列评估选项，这些选项可能过于复杂或昂贵，大规模交付时缺乏一致性。尽管如此，当学生抱怨他们刚刚参加的由教师出的笔试题“糟糕”或“不公平”时，他们通常会抱怨它存在诸如缺乏内容平衡、问题与学习目标不一致、测试项令人困惑或设计较差等问题。这些问题是专业测试开发原则旨在消除的，而很少有课堂教师受过相关的培训。

为某些课程设计的评估可以基于与所教主题相关的批判性思维情境和例子。例如，在科学课上，对论证分析能力的测试可以着眼于和气候变化或人类胚胎研究有关的争
论。社会学教师也可以评估这些技能，比如让学生在历史 153
文献中寻找和评估前提和结论，或分析涉及当前问题的社论背后的逻辑。

在没有规模或标准化限制的情况下，教师可以利用有前途的评估技术，如模拟实践或“思维导图”软件。通过绘制出学生的观念以及观念之间的联系，“思维导图”软

件使得学生们的想法跃然图上。教师可以借助其他教育工作者的工作，在网络教育社区中获取这些资源变得越来越容易，或者教师可以在专业测试开发人员的工作的启发下设计自己的评估。

另一种与教授批判性思维特别相关的评估是**形成性评估**。这些类型的评估不是根据学生的知识和能力来打分，这些测试被称为**总结性评估**，而是为教师提供反映学生个体理解情况的数据，以便教师可以为每个学生提供相关的反馈，最好是实时的反馈。

在有关论证的学习单元开始时，询问学生对“论证”一词的看法就可以作为一种形成性评估。该问题能帮助老师确定哪些学生只将这个词与大声的反对联系在一起，而哪些学生理解论证在达成理解方面的更广泛作用。获知这些信息让教师能够相应地制定个人和小组的教学和实践活动。

154 对于掌握批判性思维来说至关重要的是刻意练习。只要这种练习属于让学生通过实践获得（来自老师或其他学生）反馈的策略的一部分，比如让学生独立或与伙伴协作解决问题的不评分作业，所需要的练习也可以视作是形成性评估。在形成性评估发挥作用的课堂上，评估和教学应该无缝衔接，在理想情况下甚至无法区分。

值得注意的是，仅仅应用一条批判性思维原则（背景知识）就为评估批判性思维这一主题提供了有用的洞见，同时也开启了围绕标准化测试、教学以及课堂评估有关的重要主题的探索之路。鉴于此，让我们看看当使用多种批判性思维技巧来尝试解决棘手而复杂的问题时，我们能从中学到什么。

案例研究

在序言中，我提到了理查德·阿鲁姆和约西帕·罗斯卡合著的《学术漂流》，这本书在2011年出版时引起了人们的极大兴趣和争议。许多新闻媒体报道称，该书的证据表明学生在大学期间并没有在批判性思维能力方面取得任 155
何显著进步。不出所料，这样的说法引发了教育者、大学管理人员和政策制定者之间的讨论和辩论。[34]

对于那些想看到更多资源用于帮助学生培养批判性思维能力的人来说，该书引发的关于批判性思维价值的讨论无疑是鼓舞人心的，但书中的某些调查结果也为先前有关失败的高等教育体系叙事提供了依据。

对于《学术漂流》中所做的论证及其意蕴的解释可能受到偏见的影响而被扭曲。先前存在的关于高等教育的观念和议程表，无论是积极的还是消极的，都可被视作此类偏见。然而，一个好的批判性思考者必须控制自己的偏见，尽力弄清楚作者真正表达的内容，然后评估实际的论证，而非评价自己偏好的解释。

将“噪音”排除后，我们发现，有一项研究表明学生在大学第一年和之后几年的大学学习评估中并没有取得进展，而大学未能培养批判性思考者的结论正是基于这项研究。

这一事实陈述让我们可以把阿鲁姆和罗斯卡的论点（即有可测量的证据表明，学生在大学期间的批判性思维能力并没有提高）简化为这个简单而有条理的论证：

156 **前提1**：大学学习评估准确地衡量了学生的批判性思维能力。

前提2：在大学早期和后期参加大学学习评估的大学

生在考试成绩上没有显著的增长。

结论：大学生的批判性思维能力在大学期间没有任何增长。

有的人或许对此论证不屑一顾，因为他们声称批判性思维的发展对大学生来说并不像其他目标（如发展知识或接触艺术）那样重要。但是假设你相信在高等教育中发展批判性思维的重要性，重要到必须要严肃评估上述论证，那么你应该回想起之前关于逻辑和论证的讨论。这个双前提论证是有效的，因为接受前提为真需要你接受结论为真。然而，一个有效的论证也必须通过可靠性的检验。我们要仔细检查前提，以确定其中是否包含任何谬误，或者至少是一个理性的人可能不同意或怀疑的东西。

从理论上讲，如果测试得分不正确，或者作者以不正确或有偏见的方式呈现他们的研究结果，第二个前提可能就是错误的。虽然我们总是应该警惕错误或“篡改记
录”的企图，但并没有证据表明《学术漂流》中出现的严肃 157
研究有这些缺陷，因此通过无端猜测来攻击前提2显得很刻薄。同时，这也没必要，因为前提1是更容易受到攻击的点。

鉴于现在对评估批判性思维技能的背景知识有一定的了解，你应该明白，单一的评估不能衡量批判性思维所涵盖的所有要素，即使是精心设计的、备受推崇的大学学习评估也是如此。该考试的开发者将开放式评估描述为衡量“大学生在分析和解决问题、科学和定量推理、批判性阅读和评价、论证批评，以及写作机制和有效性方面的表现”[35]。这当然是一个庞大的技能清单，但上述论证的结论却广泛和明确。任何对测试批判性思维能力可行性的一般性担忧（就像你在上一节中读到的那样），或者对大学学习评估的质量和准确性的质疑，都表明该论证缺乏合理性，其结论也因此受到怀疑。

该问题可以通过弱化结论来解决，比如做出结论：“就大学学习评估中测量的诸多特定技能来说，学生在大学期间没有任何提高。”事实上，如果你阅读阿鲁姆和罗斯卡
158 的原话，而不是媒体对他们的研究结果的解读，他们似乎
得出了这个更谨慎的结论。这也再次证明了背景知识的重要性，在这种情况下，要依赖原始资料而不是第三方诠释。学生在批判性思维技能方面为什么没有取得进展？本书作者给出了机制性的解释，并提供了进一步的证据来支

持该论点，比如上述研究发现，认为自己在教授学生成为批判性思考者的大学教授数量（99%），和声称大学毕业生没有将批判性思维技能带入工作场所的雇主比例（超过75%）之间存在数量差距。

这些额外的证据肯定有出处。例如，教授和雇主之间的差距是基于调查研究。对于这些调查研究，我们可以仔细审查调查的问题，受访者的数量和性质以及结果的统计意义。一个批判性思考者可以沿着这条路继续走下去，直到搜集到足够的证据来确定构成最终版本的论证的前提是否为真（或至少是合理的），以及这些前提在逻辑上是否能引出结论。

实现批判性思维的目标 159

当我们从批判性思维的武器库中运用多种资源时，我们能更准确地理解《学术漂流》背后的研究所要传达的内容。这种做法可以带来更为理性和更富有成效的讨论，而不是基于预先存在的偏见或缺乏逻辑或背景知识的分析，进而陷入“天要塌了”的恐慌性争论。

在讨论日常事务时，比如租房还是买房更明智，借助批判性思维会使得对这些问题的讨论得到显著改善。出于类似的原因，对其他热点问题的辩论，比如我们在移民和国家安全等重要问题上展开的辩论（或还没有展开的辩论），如果受到批判性思维的更多介入，而非由媒介驱动的部落文化的影响，也会同样受益。

在最后一章中，我们将探讨一个重视和优先考虑批判性思维的社会可能是什么样子的，以及我们如何能够实现这一目标。

4

我们将走向何方？

2011年，我参观了批判性思维基金会位于北加州的农 161
舍总部，在那里我有幸见到了该组织的创始人：几年后不幸去世的理查德·保罗博士（Richard Paul）和现任主席琳达·埃尔德博士（Linda Elder）。

访问期间，日本福岛核灾的报道传来。一座建在地质断层线上的核电站在遭受地震和随之而来的海啸袭击后发生故障，向环境中释放了放射性污染物。

“他们在想些什么？”我们问自己。问出此问题时，我们实际上考虑的是更加具体的问题，比如：

在如此脆弱的地方建造反应堆，决策者辩护此项决定的前提是什么？

162 **是什么逻辑把这些前提和他们应该继续这个项目的结论联系起来的？**

事实证明，这些前提是错误的，只是基于一厢情愿和最佳情形的设想。有些人希望在日本扩大核能使用并向监管者施以恩惠，监管者也进一步腐化了事件的相关人员。这些事实造成了偏见，影响了决策者所做的推论和所信的证据。就像核电站本身一样，将核电站安置在福岛的论证也是基于不可靠的建筑材料和有缺陷的设计。

当个人和社会忽视批判性思维原则时会发生什么？当下的政治环境提供了更多的案例。毫无疑问，面对来自对立阵营的候选人，有选民会在做出判断前全面考虑候选人的个性和政治生涯，分析其在重要问题上的立场，并给予一个公平的发言机会。党派关系（表明选民们有共同的价值观）和强烈的政治信仰（将一个人的优先事项进行排序）并不一定要蒙蔽人心，以至于忽视了这样一种可能性——“另一方”说的话也值得一听。然而，如今有多少选民本能地拒绝倾听与自己看法不一致的人的意见，或者不愿进行任何形式的反思或讨论？有多少选民喜欢在谷歌当个人和社会忽视批判性思维原则时会发生什么？当下的政治环境提供了更多的案例。

164 上搜索自己完全不会投票支持的候选人的不公正漫画？要知道这些漫画只是由被裁剪的视频片段和他人有心提供的断章取义的引文构成的。

这些“他人”许多都是专业人士，善于利用我们心智官能中的缺陷，比如阻碍我们进行批判性思考的各种认知偏见，或者诉诸情感和部落主义压倒理性的能力。从历史上看，这些“他人”正是候选人，是他们决定了要如何蒙蔽选民的眼睛，或者要如何诉诸情感或部落主义来战胜理性。正如最近的选举所示，候选人仍然是操纵思想的先锋，现在他们得到了大批政治顾问的支持，并且这些顾问善于混淆人们的思考。

敌对的外国势力利用类似的手段操纵其他国家的公民，煽动愤怒、制造分裂、将民主置于危险之中。有人希望这些事实能唤醒我们，让我们意识到为了更原始的偏好而放弃理性会带来危险。但事与愿违，即使我们意识到沉浸在偏见中会让自己变得相当脆弱，公众对坏前提（即“假新闻”）和无效逻辑的兴趣有没有因此减少？对背景知识的发展或应用展现的拒绝态度，以及对政坛敌对势力展现的刻薄行为有没有因此减少？龟缩在只与志趣相投的人交谈的气泡中，或者羞于与那些与我们意见相左的人打交道，会让我们感到更有力量吗？如果我们继续拒绝理智美德，拒绝几千年来教会我们成为独立和自由的批判性思考者的智慧，那么当我们发现唯一能投票支持的人竟然是那些自视把我们摸透的人（很可能确实如此），我们不应该感到惊讶。 165

推理能力是人与动物之间的重要差别，借助批判性思考者工具箱中的技巧，这种能力变得无限强大。倘若我们拒绝发展或使用推理能力，那么最戏剧性的后果就是类似引发核电站事故的灾难性决定，或者被那些只会利用我们弱点的人所统治。

我们都曾依靠直觉秒做决定，或“考虑一晚”再做决定。在许多情况下，本能或自发的选择效果很好，但不妨比较一下深思熟虑后再做决定与“即兴发挥”的感觉差别。既然通过对证据的定位和评估，将其纳入信息丰富的结构中并分析结果能增加成功的概率，我们为什么要先射击再瞄准，而不是遵循批判性思考的过程呢？同样，测试一个有关世界运行的假说（有需要的话放弃该假说）能否帮我们更好地理解世界实际上是如何运行的？

166 从个人决策转向人际关系领域，如果你像我一样，和同事、朋友或爱人有过争论，但似乎在争论中自说自话，那么现在你应该知道原因了。很有可能争论的焦点是一个隐藏的前提（亚里士多德的隐藏三段论之一），如果你没有能力找到字里行间的结构，你就会在对争论对象缺乏完全理解的情况下持续争论下去。同样，既然你现在知道了论证和打架之间的区别，你也知道了如何善意地参与论证并避免打架。前者是一种建设性的互动，而后者经常是一种没有成果的、破坏性的对抗。

好消息是，通过更好的思考来改善生活并不需要重塑人类物种。相反，只需要人们使用本来拥有的推理能力，只要比现在用得更好、用得更频繁。

鉴于科学取得了诸多成功，它常常被奉为系统推理的典范。然而，如果不把科学看作是一项只有特殊人群参与的独特活动，而是一种文化进路，一种旨在减少所有人（包括科学家）受确证偏见影响而相信虚妄的文化进路，你就会发现思考方式的微小改进所带来的巨大回报。

另一个应该消除的担忧是，在一个具有批判性思维的
167 社会中，要成为具有批判性思维的个体，需要我们把地球

变成火神星球。火神星球是《星际迷航》中虚构的外星文明，此处的居民声称他们完全根据逻辑行动，但更准确的说法是瓦肯人认为情绪会干扰逻辑思维，因而设法压抑情绪。恕我直言，苏拉克是伟大的立法者，他创立了瓦肯人的生活方式，但对情感的压抑是错误的，即使对于那些希望在生活中提升逻辑角色的批判性思想家来说也是如此。

和本能一样，情感提供了有价值的信息，可以让我们更好地理解逻辑论证的前提，所以上述想法是错的。作为一名家长，我所做的许多选择（从决定让我的孩子准备睡觉，或者准备开始学习批判性思维）不是基于学术报告或孩子大脑活动的核磁共振读数，而是基于情感依恋。这种情感依恋让我所爱之人在还不会说话之前就能被我“读懂”。显然，为了确保情感传达的内容是准确的而非扭曲的，进行询问很重要。在构建和分析由这些前提组成的论证时，我们变得像斯波克[①]一样重要。但不能忘记的是，在一个由人而不是机器组成的世界中，通过平衡情感自

① 斯波克是《星际迷航》中的人物，来自瓦肯星，是第一位联邦星舰上的瓦肯军官。

我、直觉自我和推理自我，可以避免有效应用推理所需的有价值数据与自我之间的联系被切断。

168 当一个人为理想事业而奋斗或加入政党，他会拥有坚定的信念，与同道中人保持信念一致，但他并不需要为了教条或同志而放弃理性。事实上，对所持信念的质疑反而能强化信念，这是因为质疑活动能帮我们确定这些信念是否建立在强有力的证据和逻辑基础上。如果这些信念确实如此，那么你对这些信念的支持可以愈发活跃，进而增加别人被吸引过来的可能性。如果这些信念并非如此，那么你可以找理由支持他们。你甚至可以在意识到自己信念的理由不合理时最终改变想法。将这种心灵活动奉献给对我们来说最重要的事情，应该被视为强大的一个标志，而不是软弱。回顾当今的政治环境，我们并不清楚放弃这些批判性思维原则是否让我们变得更有权力，甚至更快乐。

前文已经论证，更频繁的批判性思考可以改善我们的个人生活、人际生活和政治生活，而且不需要重塑物种就能成为批判性思考者。假设你认同这种观点，剩下的问题是，如何才能创造出我们所期望的个体与社会？我们期望的个体会以更细致和更优越的方式展开思考，而我们期望的社会尤其欣赏用批判性思维引导生活中的重要抉择。

幸运的是，做出这种转变所需要牵扯的人已经给予了支持。大多数教师、行政人员和教育政策制定者一致认 170
为，教授批判性思维是当务之急。雇主们也希望雇更多拥有高质量推理能力的人。父母不希望自己养育的孩子因为愚笨而找不到工作，而且事实证明，当批判性思维的主题被纳入所学课程，孩子们在各个年级的表现都很好。声称把批判性思维教育视作当务之急的教育工作者比例很高，而认为毕业生已经学会了重要的批判性思维技能的雇主比例很低。这两者之间的巨大差距并不表明众人缺乏动力或共同的目标，而是彰显出很大的改进空间。

另一个好消息是，为了让批判性思维更快地被人们接受和付诸实践，我们不需要再花二三十年来争论定义问题。借用古生物学家斯蒂芬·杰伊·古尔德的比喻，“爱因斯坦的引力理论取代了牛顿的引力理论，但苹果并没有悬在半空中等待争论结果”[1]。同样，我们不需要等待一个可能永远不会达成的共识，但我们仍然可以运用现有的知识和技术，其中一些甚至已经有2500年的实践历史了。

从理论上讲，围绕高阶思维技能彻底重整课程体系可剩下的问题是，如何才能创造出我们所期望的个体与社会？我们期望的个体会以更细致和更优越的方式展开思考，而我们期望的社会尤其欣赏用批判性思维引导生活中的重要抉择。

以让我们达到想要的目标，但这种重大转变是不切实际的，也是不可能的。我们当下生活的时代，不再有类似 171
“十人委员会”的组织提出人人都会采用的标准化课程。在教育中也有许多合理的优先事项，例如教会学生阅读和写作、理解数学和科学、成为身体健康和善于社交的人，以及支持很多有独特需求的孩子。即使批判性思维技能可以应用于所有这些目标，这些优先事项也必须与教会学生开展良好思考的目标共存。

上一章讨论了如何教授批判性思维，结合对教育工作者所受约束的理解，我们应该投入资源，帮助教师学习如何将**明确的**批判性思维教学和**刻意练习**整合到他们已经教授的学科中。更关键的是，整合的方式要促成迁移。

前文谈到数学老师用几何证明向学生介绍演绎论证的一般原理的例子，以及科学老师把科学方法应用到科学以外的领域的例子。从教学的方法和先后顺序来看，这种改变看似很小，却会带来批判性思维能力的巨大提高。即使许多教师没有明确教授批判性思维的经验，也没有将批判性思维与促进迁移推理能力的刻意练习联系起来，但这些教师已经在学科内部完成了批判性思维方式的内化。

172 1910年出版的约翰·杜威的著作《我们如何思维》是理解和教授批判性思维的“原点”。该书也提供了一些实用技巧，能帮助今天的教育者培养具有反思能力的思考者。

或许你还记得，杜威的思想基于一种实用主义的观念，即激励学生思考的正是消除怀疑的冲动。然而当教师拥有所有答案时，学生的脑海中不会产生怀疑。因此，在新教师培训、资源分配和教学策略三个方面，我们应该强调用问题和谜题来取代（至少是补充）习题和测试。习题和测试围绕有对错答案的题目展开，而问题和谜题则旨在激发学生的怀疑态度。当然，还要辅以思维指导方法，按照理智上卓有成效的方式来消除怀疑。这样的练习可以帮学生养成思维习惯，随着年级的提高，这种习惯会持续下去。我们更期望的是，这种习惯能从一门学科迁移到另一门学科，从学校迁移到生活之中。

在我们的一生中，我们大多数人都经历过新的教育重点的落地，这些重点的贯彻落实受到了来自国家、地方甚至教室层面的巨大支持。其中一些重点事项源于一项问责运动，该运动倡导通过严格的学术标准和定期测试来确定学生是否取得了足够的进步。无论人们如何看待这些重点事项，我们看到政府、教育系统、非营利性组织和私营部门为实现共同的教育目标而团结起来。如果想真正支持批 173
判性思维教育，即使是一部分支持，可以瞄准下面的杠杆点：

教育工作者的优先事项

1. 确保新的学术标准包括可迁移的批判性思维原则。

正如前文所述，像美国的“共同核心”这样的重要标准看重与议论文写作等活动相关的思维技能。同样，新一代的科学和社会研究标准超越了以知识为基础的内容，进入了批判性思维领域，并采用了新一类的标准，例如跨学科领域或维度的跨学科概念。这些标准看重在历史和其他社会研究科目中提出问题、评估信息源和使用证据。[2] 如果发展可迁移的批判性思维技能不仅仅是一个话题，而是真正的教育重点，那么本书中描述的技能应该能为州一级和国家级所有学科标准的发展和实施提供有用信息。

2. 调整现有的教学体系，让教师们能够将批判性思维原则的明确指导和批判性思维技能的刻意练习融入课程内 174

容中。

在大多数教育学院的教学方法课程中都会涉及内容教学的方法。这些课程强调一般教学法以及特定学科（如数学和历史）的教学技巧。对这些课程加以调整，使其涵盖批判性思维原则的明确教学与批判性思维技能的实践机会，能让批判性思维教学的灌输法和混合法加速成为主流方法。考虑到教师职业的高流动率，包括未来十年预期要退休的大量人员，调整这些方法论课程，强调批判性思维的指导和实践，可以在不破坏课程整体结构的情况下加速变化。

虽然看起来直截了当，但这种改变必须同时应对教师教育所面临的一般性挑战。对于这一要点的最佳阐述，可见时任哥伦比亚大学师范学院院长的亚瑟·莱文在2006年发表的题为《培育教师》的报告。该报告指出，大学教师培育项目受到“较低的入学和毕业标准影响”，同时还有其他缺陷。[3] 类似的批评促使人们努力改进教师培训计划。
175 这为教师培训创造了一个机会，为教师帮助下一代学生提高批判性思维能力创造了机会，也为更广泛的改革奠定了基础。

3. 投资在职教师的专业发展。

上一点中提到了方法论课程，在职教师可以通过参加培训学到相同的主题和教学技巧，而这些培训也是持续的专业发展的重要组成部分。许多国家要求教师参加持续的培训，取得执照或重获执照，同时获得升职加薪。国家的要求催生了巨大的培训需求，许多大学课程、校内讲习班、异地培训研讨会和在线学习相继开设，旨在帮助教师实现专业发展的目标。

虽然许多关于专业发展的决定是由当地做出的，但教育政策是决定哪些科目将被优先考虑的主要驱动因素。当新的学术标准推出时，支持教师专业发展的措施得以广泛实施就是最好的例子。如果提高学生的批判性思维能力从愿景变成具体的政策，可能会出现专业发展资源支持这些优先事项，就像几十年前问责制成为教育政策驱动因素时一样。

与职前教师培训一样，专业发展计划的质量和有效性 176
受到了挑战，研究表明专业发展对改变教学实践的影响有限。[4] 幸运的是，专业发展中出现了新的优先事项，例如持续培训（与“单次”讲习班相对），在学习社区中合作，以及课堂实施的认证，这些改革措施与成为批判性思考者所需的学习和实践高度匹配。

4. 提高已经接受批判性思维教育的教育机构和教师的形象。

对学习场所进行公开宣传和颂扬是利用已经奏效之法的其他途径。这里的学习场所包括采用4C原则的公立和私立学校，以及支持或试用批判性思维原则的教学方式的校外组织（如课后活动或拓展项目）。同样，当个别教师践行培养学生批判性思维的理念时，能激发其他教育工作者的灵感，成为其学习的榜样。

5. 为一线的授课老师提供成功所需的资源。

177 教师们逐渐从学术出版商提供的教科书或课程包转向开放教育资源，如课程计划、课程评估和学习活动。在互联网上，获得这些资源的成本很低，甚至是免费的。这些资源大多是由机构中致力于改善教育的专家开发，或者是由教师创建，用于彼此分享。[5]

考虑到各种平台上可获得的材料种类繁多，找到相关且高质量的资源对接受开放教育资源的教师来说是一个持续的挑战。我们要致力于创造支持批判性思维教学的高质量内容，让这些内容在网上可以轻易找到并在课堂上实施，使得教育工作者能够直接使用已经被验证的工具和方法，不需费力重新创造已经存在的东西。

这些支持新优先事项的政策建议表明，学校是培养批判性思考者的最佳场所，但当学生们进入教室时，可能已经有所欠缺。他们正遭受着来自家庭或缺乏反思能力的同龄人的严重偏见的影响。因此，家庭和学校以外的其他环境成为教授与批判性思维倾向相关的理智德性的场所。要做到这点，有如下的一些想法：

家庭内的优先事项 178

1. 努力让自己成为批判性思考者。

如前所述，无论是什么年龄的个体，将批判性思维技巧付诸实践，都有助于掌握优化决策、解决分歧和改良社会的方法。到目前为止，你所读到的大部分关于教育的讨论都与如何教导年轻的学习者有关。但是有大量的书籍、课程和其他资源（许多是免费的，包括本书“延伸阅读”部分列出的资源）可以帮助所有人，开启成为批判性思考者的终身旅程。学习批判性思维技能，从来不嫌早，也从来不嫌晚。

2. 在家实践理智美德。

要学习理智美德，如思想开明、理智谦逊，以及对理性的信心，年轻人需要把握理智美德的内涵，并看到理智美德被别人践行。这意味着，那些信奉独断的政治或对他人信念持敌对态度的家庭，应该被视作一种无意的阻碍，阻碍了孩子最终走向成功和幸福。

3. 拥抱怀疑，但要有效地引导怀疑。

回想本书第2章中关于实用主义哲学的讨论，查尔
179 斯·皮尔斯提出了四种消除怀疑的方法。其中包括**先验方
法**（继续相信你已经相信或让你感到舒服的东西）、**权威**
（相信权威人物或社会告诉你的东西）、**坚韧不屈**（拥抱你
自己的独立信念并坚定地坚持下去）和基于形成假设、做
实验，以及完善信念的**科学推理方法**，以创造接近真理的
机会。如果说造成当今许多问题的确证偏见和部落思维源
于对先验和权威的思维方式的过度依赖，那么青少年和年
轻人反抗父母、老师和社会的想法的倾向，可以被视为
年轻人在试图形成自己的身份时自然而然地拥抱坚韧不
屈法。

面对这个阶段的孩子，那些在政治、宗教或其他重要

问题上看法坚定的父母经常会感到很棘手。但是，当我们的视角不局限于顽固的叛逆，转而关注驱动这种叛逆的动机，我们就会发现，比起只因成年人持有某些想法就坚持让孩子们接受我们的观念或者放弃他们自己的重要思想和价值观，还有更有效的方法来引导这种怀疑。例如，我们可以创造机会展开互相尊重的对话，让孩子们反思并辩护那些让自己充满热情的想法。只有在这种对话中才有可能改变彼此的想法。孩子们也可以通过与科学推理相关的步 180
骤，或通过与批判性思维相关的其他结构化分析方法，将自己的想法进行检验。虽然这种反思活动可能会在某次谈话中最终陷入僵局，但建立起尊重和反思的对话规范将为每个参与者（儿童和成人）展现出围绕重要话题展开批判性思考的价值。

建立批判性思维的文化

最后的一个想法更多是愿景，而不是规定。对于运动员在赛场上展现出的技巧与力量，对于智力竞赛节目中斩获高分所需的知识，我们的社会已经给予了嘉奖。除了赞扬人们拥有的知识，我们的社会文化还应该以某种方式赞扬人们在对某些问题或议题展开批判性思考时运用知识所做的事情。逻辑学和修辞学等学科界定了何为有思想且受过教育的人，这是一个具有两千年历史的界定，但时间还不算太久。如果科学家们因重大突破和对人类的贡献而受到崇拜，那么我们在展示科学和其他形式的结构化推理如
181 何帮助我们做出更明智的选择，帮助我们相信更多的真理而不是谬误时，是否也能同样推崇引发这些突破的思维过程？

另一种选择是，我们可以把批判性思维能力看作是少数幸运者拥有或发展出的“超能力”。这些幸运者受过训练，有意穿透人际交往的遮覆，直抵藏于其中的实际论证。他们可以评估这些论证的质量，并使用理性和说服技能来实现自己的目标（不管是好是坏）。这种不平等的想法忽略了一个事实：人类普遍拥有理性，而良好的理性能力对我们所有人来说都有好处。如果一个人有意避开批判性思维对人生的护佑，那么很多不那么诱人的选择——比如被乌合之众或蛊惑人心者统治——就总会伴其左右。

· 词汇表

溯因推理（Abductive Reasoning）

一种试图为观察到的现象找到最简单和（或）最可能的解释的推理形式，也被称为“最佳解释推理”。

锚定效应（Anchoring Effect）

一种启发法或认知偏见，它包括在要求某人检查定量信息或根据数字或值做出判断之前，在他们的脑海中固定（或“锚定”）一个数量。例如，房子的要价往往会成为锚定买家对房子实际价值认知的起点。另见“认知偏见”。

论证（Argument）

为某一结论提供证据的一组命题。

论证图解（Argument Mapping）

一种分析论证的图形化方法，它将书面或口头论证的语言转化为主张，并且下层的主张为上层的主张提供相信的理由。

布鲁姆分类法（Bloom's Taxonomy）

一种学习目标的层次结构，发表于1956年，并更新于2001年，它根据认知复杂性的水平将学习组织起来。

宽容原则（Charity/Principle of Charity）

这是一条哲学规则，它要求你与对手的最有力的论证展开交锋，并将他人的论证转化为论证提出者会认可的前提和结论。这些前提和结论应该反映出论证提出者试图传达的意思。

认知偏见（Cognitive Bias）

是一种推理中的缺陷，是由于使用心理捷径导致的，这种捷径被称为启发法（见“启发法”）。它会扭曲判断，比如确证偏见会让你更容易接受与你已经相信的内容相一致的证据和论点。

十人委员会（Committee of 10）

一群由哈佛校长查尔斯·艾略特领导的教育工作者。1892年，他们聚集在一起，为美国学校制定了一套至今仍在广泛使用的标准化课程。

结论（Conclusion）

论证中的一部分。如果某人认为论证的前提为真，你要求某人相信论证中的这一部分为真。

确证偏见（Confirmation Bias）

见“认知偏见”。

建构（Construct）

指在测试开发中，测试被设计用来测量的知识、技能、能力、资质、态度的组合。

演绎或演绎推理（Deduction or Deductive Reasoning）

一种推理形式。在演绎或演绎推理中，接受论证的前提就必须接受论证的结论。数学或几何证明就是演绎论证的一个例子。

刻意练习（Deliberate Practice）

系统地练习一项技能，以期提高练习所属领域的能力。

倾向（Dispositions）

导致某种特定行为的个人特征。例如，好奇心是一种倾向，它可以引导人们提出问题并试图发现这些问题的答案，这使其成为批判性思考者的重要倾向。

简洁性（Economy）

论证的一个原则，要求你使用最少的必要前提来支持结论。

省略三段论（Enthymeme）

包含在口头或书面散文论证中但未直接陈述的隐含前提。

示例（Exhibit）

在测试开发中，为回答测试问题提供必要信息的文本、图像或其他类型的媒体。

谬误（Fallacy）

导致论证失败的逻辑缺陷。形式谬误涉及论证结构的缺陷，而非形式谬误涉及与论证的前提和（或）结论使用的语言有关的问题。

形式逻辑（Formal Logic）

逻辑的一种形式，它关注论证是如何构成的，而不关注形成论证的陈述所使用的语言。

形成性评估（Formative Assessment）

一种评估方式（通常不评分），旨在确定学生的知识储备状态，能帮助教师根据学生的学习需求提供及时的反馈。

启发法（Heuristics）

为快速解决或回答问题而设计的心理技巧或捷径。在很多情况中，这些捷径会导致推理中的系统性缺陷（见“认知偏见”）。

假说（Hypothesis）

针对问题提出的回答或方案。在搜集数据和进行测试以确定是否有足够的证据将假说提升到理论的水平（见“理论”）时，它被视为有条件的。

归纳推理（Inductive Reasoning）

一种推理形式。在归纳推理中，接受论证的前提并不要求你接受论证的结论是确定的。基于从前提得出结论的概率高低，可评判归纳论证的强弱。

最佳解释推理（Inference to the Best Explanation）

见“溯因推理”。

非形式逻辑（Informal Logic）

逻辑的一种形式，关注如何构造论证以及陈述中使用的语言如何构成论证。

信息素养（Information Literacy）

在图书馆科学领域发展出来的一种研究方法，用于定位、评估、组织、综合和交流信息，这些信息越来越多地来自在线资源。

逻辑形式（Logical Form）

论证的抽象结构，与构成论证的语词分开，可以用符号来表示。

元认知（Metacognition）

意识到并思考自己的心理过程。

范式（Paradigm）

一种在个人、群体或社会中根深蒂固的思考方式。例如，牛顿的理论创造了一种用数学方法来解释机械运动，并用机械运动来思考宇宙的范式。

前提（Premises）

论证中论证者要求你接受为真的命题。并且，论证者进一步声称这些前提在逻辑上导致论证的结论。

前苏格拉底（Pre-Socratics）

在古代雅典哲学家苏格拉底活跃之前的一批哲学家，他们的工作侧重于对自然现象做出物理与科学解释。

修辞（Rhetoric）

说服性沟通的技巧与方法。

选择答案项（Selected-Response Item）

在测试开发中，问题的答案有正确与错误之分。多选题就是选择答案项的一个例子。

可靠性（Soundness）

在逻辑推理中，一个论证是可靠的，如果（1）它是有效的（见“有效论证”），并且（2）论证的前提为真。

总结性评估（Summative Assessment）

一种评估方式（通常会评分），用来确定学生是否学到了被评估的知识或者掌握了被评估的技能。

三段论（Syllogism）

亚里士多德首创的论证构造方法，包括两个前提（大前提和小前提）和从中推出的一个结论。

理论（Theory）

解释现象的原理。科学中的假说（见“假说”）经过了足够多的检验，在科学界被广泛接受为合理的时候，它就成了理论。

迁移（Transfer）

在不同领域之间应用知识或技能的能力。例如，科学推理技能的成功迁移可包括将科学方法应用于与历史有关的问题或校外的个人决策。

有效论证（Valid Argument）

如果接受论证的前提就必须接受其结论，那么一个论证（见“演绎或演绎推理”）是有效的。

验证（Validation）

在测试开发中，测试声称测量了它所要测的内容，验证则是搜集证据来支持这一主张。

担保（Warrant）

信念的辩护理由。

·注　释

前　言

1 Barack Obama, "Remarks to the US Hispanic Chamber of Commerce" (speech, Washington, DC, March 10, 009), The American Presidency Project, https://www.presidency.ucsb.edu/node/286729.

2 "What Parents Should Know [about the Common Core]," Common Core State Standards Initiative, accessed November 27, 2018, http://www.corestandards.org/what-parents-should-know/。完整信息请访问网站：www.corestandards.org。

3 US Department of Education, *America 2000: An Education Strategy*, May 1991, 64, ttps://files.eric.ed.gov/fulltext/ED327985.pdf.

4 Hart Research Associates and the Association of American Colleges and Universities, *It Takes More Than a Major: Employer Priorities for College Learning and Student Success: Overview and Key Findings*, April 10, 2013, https://www.aacu.org/sites/default/files/files/LEAP/2013_EmployerSurvey.pdf.

5 获取关于这个经合组织调查研究（本书完成时它还正在进行）的更多信息，请访问网站：http://www.oecd.org/education/ceri/Fostering-and-assessing-students-creative-and-critical-thinking-skills-in-higher-education.pdf。

6 Yu Dong, "Critical Thinking Education with Chinese Characteristics," in *The Palgrave Handbook of Critical Thinking in Higher Education*, ed. Martin Davies and Ronald Barnett (New York: Palgrave Macmillan, 2015), 351-368.

7 在2016年大选之前，我将批判性选民这门课写成书出版了。不幸的是，那本书并没有对选民行为产生很大的影响（有关该项目的信息请访问网站：www.criticalvoter.com）。

8 Richard Arum and Josipa Roska, *Academically Adrift: Limited Learning on College Campuses* (Chicago, IL: University of Chicago Press, 2011), 121.

9 Arum and Roska, 35, citing "The American College Teacher: National Norms for 2007-2008," *HERI Research Brief*, March 2009, http://learningoutcomesassessment.org/documents/brief-pr030508-08faculty.pdf.

第1章　批判性思维的谱系学

1 *Merriam-Webster's Dictionary*, s.v. "chemistry," accessed November 29, 2018, https://www.merriam-webster.com/dictionary/chemistry.

2 Alfred North Whitehead, *Process and Reality* (New York: Free Press, 1979), 39.

3 关于卢克莱修的《论事物的本质》这一重要哲学著作如何展开对这一过程的描述，参见Stephen Greenblatt, *The Swerve: How the World Became Modern* (New York: Norton, 2012)。

4 在《理想国》中，柏拉图提出了一种形而上学。该理论认为世界上所有的事物，从物理对象到真和美这样的抽象事物，都反映或分有了这些物体或抽象事物的完美形式，这些完美形式存在于人类感知之外。例如，我们在生活中遇到的任何一只狗都是"狗"的理想形式的一个不完美的尘世例子，正如真和美是我们可以希望通过学习哲学来接近的理想一样。

5 托马斯·库恩在其1962年的极具影响力的著作《科学革命的结构》(*The Structure of Scientific Revolutions*；芝加哥：芝加哥大学出版社，1962）中，描述了一种科学"范式"取代另一种的机制。

6 虽然历史学家为欧洲启蒙时代的起始时间给出了不同的日期，但为了方便讨论，它可以被认为是贯穿18世纪的一个时期。在这个时期里，科学革命期间产生的思想激发了思想家们思考如何根据人类理性来重组人类的其他活动和社会。

7 哲学家李·麦金太尔在他的书*The Scientific Attitude* (Cambridge, MA: MIT Press, 2019)中讨论了灌输和支持科学思维的文化。

8 皮埃尔·迪昂等科学家和威拉德·范·奥曼·奎因等哲学家对科学知识的主张提出的许多挑战都属于“非充分决定性”（underdetermination）的范畴，这凸显了我们目前的证据可能不足以支持对世界如何运作的解释。虽然非充分决定性的多种形式超出了本书的范围，但你可以在网站https://plato.stanford.edu/entries/scientific-underdetermination/上阅读更多关于这个主题的内容。

9 Emily R. Lai, “Critical Thinking: A Literature Review,” Pearson Research Report, June 2011, 7, http://images.pearsonassessments.com/images/tmrs/CriticalThinkingReviewFINAL.pdf.

10 Charles S. Peirce, “The Fixation of Belief,” Popular Science Monthly 12 (November 1877): 1-15, http://www.peirce.org/writings/p107.html.

11 举个例子，参见Williamson M. Evers, “How Progressive Education Gets It Wrong,” Hoover Digest, vol. 4 (1998), 可以在网站https://www.hoover.org/research/how-progressive-education-gets-it-wrong上获得。

12 John Dewey, *Democracy and Education* (New York: Free Press, 1997).

13 John Dewey, *John Dewey The Later Works, 1925-1953, Essays and How We Think*, ed. Jo Ann Boydston (Carbondale: Southern Illinois Press, 2008).

14 Dewey, *The Later Works*, 153.

15 Dewey, *The Later Works*.

16 John Dewey, *Experience and Education* (Kappa Delta Pi Lectures, 1938).

17 Dewey, *The Later Works*, 118.

18 Edward M. Glaser, “An Experiment in the Development of Critical Thinking” (Master’s thesis, Columbia University, 1941).

19 有关评估批判性思维技能的更多信息，请参见第3章。

20 有关布鲁姆分类法更新换代的背景和过程的总结（包括更新换代的更广泛信息的链接），请参见网站 https://thesecondprinciple.com/teaching-essentials/beyond-bloom-cognitive-taxonomy-revised/。

21 关于如何利用先前的学习和其他来自认知科学的技巧来改善教与学的信息，见网站https://deansforimpact.org/wp-content/uploads/2016/12/The_Science_of_Learning.pdf。

22 Daniel Kahneman, *Thinking Fast and Slow* (New York: Farrar, Straus and Giroux, 2015), 119.

23 在搜索网站搜一下“看不到的大猩猩”(invisible gorilla)，你就能看到一个关于人类感知和推理缺陷的有趣例子。

24 Harry Harmon, Executive Vice Chancellor, The California State University and Colleges, “Chancellor’s Executive Order 338,” October 29, 1980, https:// www.calstate.edu/eo/EO-338.pdf.

25 Richard W. Paul, “The Critical Thinking Movement: A Historical Perspective,” National Forum 65, no. 1 (1985), https://www.criticalthinking.org/data/pages/48/4961767a3a4709bf9d4ec478c406391851352ae218fec.pdf.

26 David P. Gardner et al., “A Nation at Risk: The Imperative for Educational Reform,” National Commission on Excellence in Education, April 1983, https://www.edreform.com/wp-content/uploads/2013/02/A_Nation_At _Risk_1983.pdf.

27 “成就时代”的提法出自帕特里夏·格雷厄姆于2007年出版的美国教育系统历史著作《美国学校教育》(见“延伸阅读”)。

28 例如，请参见序言中提到的经合组织调查报告。

29 Hazel W. Hertzberg, “Foundations: The 1892 Committee of Ten,” *Social Education* 52, no. 2 (February 1988), https://eric.ed.gov/?id=EJ365372.

第2章 批判性思维的组成部分

1 例如，圣安瑟伦于1076年提出了一个关于上帝存在的逻辑证明，称为本体论论证，它曾使许多尝试解释该论证哪里出错的批评者感到困惑，直到20世纪模态逻辑的发展提供了一种方法来显示论证是如何受到错误前提的影响的。见网站http://blogs.discovermagazine.com/cosmicvariance/2011/03/10/modal-logic-and-the-ontological-proof/#.XKHZQJhKg2x。

2 关于该组织的信息，见https://ailact.wordpress.com/。

3 互联网哲学百科全书，参见“有效性与可靠性”，https:// www.iep.utm.edu/val-snd/（访问于2019年3月12日）。

4 关于如何评估非形式论证的更多信息，包括对前提的ARS（可接受性、相关性和充分性）的讨论，请参阅《斯坦福哲学百科全书》中“非形式逻辑”词条：https://plato.stanford.edu/entries/logic-informal/ (accessed March, 12, 2019)。访问于2019年3月12日。

5 如果读者有兴趣进一步探索用于完成不同类型智力活动的各种逻辑系统，本书“延伸阅读”部分提供了书籍和其他参考资料的信息。

6 关于无效的逻辑形式的讨论，见本章后面关于谬误的讨论。

7 最佳解释推理也被称为“溯因推理”，是一种不同于演绎或归纳的推理形式。当科学家们试图为一种现象找到符合已知数据的最简单的解释（例如，以太阳为中心的宇宙解释了我们感知到的太阳、月亮以及行星的运动）时，他们进行的是溯因推理。虽然在早期的哲学与科学思想中可以看到对于简单解释，而不是复杂解释的偏好（例如奥卡姆剃刀，它更喜欢基于更少数量的假设的解释），但是溯因推理的现代逻辑系统是在19世纪末和20世纪初才由实用主义哲学家查尔斯·桑德斯·皮尔斯发展起来的。有关溯因推理的更多信息，见网站https://plato.stanford.edu/entries/abduction/。

8 参见Nigel Warburton, *Thinking from A to Z* (London: Routledge, 2008). Excerpt at https://nigelwarburton.typepad.com/virtualphilosopher/2007/01/principle_of_ch.html。

9 同其他与批判性思维相关的广泛主题一样，修辞学/说服性沟通是“延伸阅读”中所涉及的另一个主题。

10 Richard Andrews, “Critical Thinking and/or Argumentation in Higher Education,” in *The Palgrave Handbook of Critical Thinking in Higher Education*, ed. M. Davies and R. Barnett (New York: Macmillan, 2015), 49-62, https://link.springer.com/chapter/10.1057%2F9781137378057_3.

11 韦氏词典，参阅“论证”，访问于2018年11月6日，https://www.merriam-webster.com/dictionary/argument。

12 韦氏词典。

13 韦氏词典。

14 见Jay Heinrichs, *Thank You for Arguing: What Aristotle, Lincoln, and Homer Simpson Can Teach Us About the Art of Persuasion*。这本书中包括了对论证与争论的不同特征的讨论（请参阅“延伸阅读”）。

15 Matthew McKeon, Internet Encyclopedia of Philosophy, s.v. “Argument,” https://www.iep.utm.edu/argument/ (Accessed March 15, 2019).

16 Daniel T. Willingham, “Critical Thinking: Why Is It So Hard to Teach?” *American Educator*, Summer 2007, 8-19.

17 “Information Literacy,” University of Idaho Information Literacy Portal, accessed November 25, 2018, http://www.webpages.uidaho.edu/info_literacy/.

18 设计思维最初在工程和产品开发领域被引入和使用，后来扩展到其他领域，这种热情在很大程度上受到国际设计公司IDEO的鼓舞。

19 由罗德岛设计学院牵头的STEM to STEAM计划的信息可以在以下网站找到：http://stemtosteam.org/。

20 Dewey, *Later Works*, 115.

21 www.criticalthinking.org.

22 获取这些特质的更多描述，参见网站：http://www.criticalthinking.org/pages/valuable-intellectual-traits/528。

23 这一概念源于亚里士多德的伦理学著作，在书中他将美德定义为一种在特质过多或过少之间的“中道”。例如，勇气的美德可以在怯懦和鲁莽之间找到适当的点。

24 Keith Thomas and Beatrice Lock, “Teaching Critical Thinking: An Operational Framework,” in *The Palgrave Handbook of Critical Thinking in Higher Education*, ed. M. Davies and R. Barnett (New York: Macmillan, 2015), 93-105, https://link.springer.com/chapter/10.1057%2F9781137378057_6.

第3章　批判性思维的定义、教授和评估

1 “Our Concept and Definition of Critical Thinking,” The Foundation for Critical Thinking, accessed November 29, 2018, http://www.criticalthinking.org/pages/

our-conception-of-critical-thinking/411.

2 Emily R. Lai, "Critical Thinking: A Literature Review," Pearson Assessments, June 2011, http://images.pearsonassessments.com/images/tmrs/CriticalThinkingReviewFINAL.pdf.

3 Lai citing R. H. Ennis, "A Logical Basis for Measuring Critical Thinking Skills," *Educational Leadershi*p 43, no. 2 (1985).

4 Lai citing S. Bailin, R. Case, J. R. Coombs, and L. B. Daniels, "Conceptualizing Critical Thinking," *Journal of Curriculum Studies* 31, no. 3 (1999).

5 Lai citing R. J. Sternberg, "Critical Thinking: Its Nature, Measurement, and Improvement," National Institute of Education, http://eric.ed.gov/PDFS/ED272882.pdf.

6 Matthew Ventura, Emily Lai, and Kristen DiCerbo, Skills for Today: What We Know about Teaching and Assessing Critical Thinking (London: Pearson, 2017), https://www.pearson.com/content/dam/one-dot-com/one-dot-com/global/Files/efficacy-and-research/skills-for-today/Critical-Thinking-FullReport.pdf.

7 Peter Facione, "Critical Thinking: A Statement of Expert Consensus for Purposes of Educational Assessment and Instruction. Research Findings and Recommendations," report prepared for the American Philosophical Association, 1990, https://files.eric.ed.gov/fulltext/ED315423.pdf, 3.

8 Peter Elbow, *Writing Without Teachers*, 2nd ed. (New York: Oxford University Press, 1998).

9 Peter Elbow, "The Believing Game—Methodological Believing," *Journal for the Assembly for Expanded Perspectives on Learning* 14 (January 2008), https://scholarworks.umass.edu/eng_faculty_pubs/5.

10 Connie Missimer, "Why Two Heads Are Better Than One: Philosophical and Pedagogical Implications of a Social View of Critical Thinking," in *Re-Thinking Reason: New Perspectives in Critical Thinking*, ed. Kerry S. Walters (Albany: State University of New York Press, 1994), 120.

11 Richard Thaler and Cass Sunstein, *Nudge: Improving Decisions about Health,*

Wealth, and Happiness (New York: Penguin, 2009).

12 Cass R. Sunstein, *Infotopia: How Many Minds Produce Knowledge* (Oxford: Oxford University Press, 2006).

13 http://www.battelleforkids.org/networks/p21.

14 Davies and Barnett, *The Palgrave Handbook*, 19.

15 Karen J. Warren, "Critical Thinking and Feminism," in *Re-Thinking Reason*, 155-176.

16 《帕尔格雷夫高等教育批判性思维手册》和《反思理性》中的文章都致力于这个主题，这可以追溯到Paulo Freire's 1968 *Pedagogy of the Oppressed*, English ed. (New York: Continuum, 1970)。

17 Frances E. Jensen and Amy Ellis Nutt, *The Teenage Brain: A Neuroscientists Survival Guide to Raising Adolescents and Young Adults* (New York: Harper, 2015).

18 有关P4C试验的详细信息，请参见"Philosophy for Children," Education Endowment Foundation, https://educationendowmentfoundation.org.uk/projects-and-evaluation/projects/philosophy-for-children/。

19 关于不同国家将哲学纳入所有年龄段学习者的课程的描述，见"Teaching Philosophy in Europe and North America," United Nations Educational, Scientific and Cultural Organization (UNESCO), 2011。

20 Philip Abrami et al., "Instructional Interventions Affecting Critical Thinking Skills and Dispositions: A Stage 1 Meta-Analysis," *Review of Educational Research* 78, no. 4 (December 2008): 1102-1134.

21 有关11年级和12年级共同核心ELA写作标准的详细信息，请参见"English Language Arts Standards >> Writing >> Grade 11-12," Common Core State Standards Initiative, http://www.corestandards.org/ELA-Literacy/W/11-12/。

22 Robert H. Ennis, "Critical Thinking and Subject Specificity: Clarification and Needed Research," *Educational Researcher* 18, no. 3 (1989).

23 Ennis.

24 Abrami et al., "Instructional Interventions."

25 Tim van Gelder, "Teaching Critical Thinking: Some Lessons from Cognitive Science," *College Teaching* 53, no. 1 (2005): 41-46.

26 虽然每天花4个小时来练习一项技能是相当多的时间，但事实上，我们在醒着的所有时间里都在思考，这意味着我们有更多的机会来练习这项技能，而不是像运动员或音乐家那样需要专门的设备、乐器或场所来练习。

27 Ann J. Cahill and Stephen Bloch-Schulman, "Argumentation Step-by Step: Learning Critical Thinking through Deliberate Practice," *Teaching Philosophy* 35, no. 1 (March 2012): 41-42.

28 关于德拉普兰特的目标与工作的更多信息，请见网站：https://kevindelaplante.com/about/。

29 Jennifer L. Kobrin et al., Examination of the Constructs Assessed by Published Tests of Critical Thinking, paper presented at the Annual Meeting of the National Council on Measurement in Education, Washington, DC, April 9−11, 2016, https://www.researchgate.net/publication/301564949_Examining_the_Constructs_Assessed_by_Published_Tests_of_Critical_Thinking.

30 "The Gold Standard Critical Thinking Test, THINK Watson," https://www.thinkwatson.com/assessments/watson-glaser.

31 Kevin Possin, "A Field Guide to Critical-Thinking Assessment," *Teaching Philosophy* 31, no. 3 (September 2008): 201-228。除了提供有关在课堂上使用商业开发的批判性思维评估的宝贵见解外，本文还包括对评估批判性思维能力的自我调查的有趣批评。

32 Kobrin et al., *Examination of the Constructs Assessed by Published Tests of Critical Thinking*.

33 见Scott Barry Kaufman, "Intelligent Testing: The Evolving Landscape of iQ Testing," Psychology Today, October 25, 2009, 可以在网站https://www.psychologytoday.com/us/blog/beautiful-minds/200910/intelligent-testing上获得。

34 围绕这本书的争议的细节，见Kevin Carey, "'Academically Adrift': The News Gets Worse and Worse," Chronicle of Higher Education, February 12, 2012, https://www.chronicle.com/article/Academically-Adrift-The/130743。

35 见“About CLA+”，教育援助委员会，https://www.cae.org/flagship-assessments-cla-cwra/cla/about-cla/。

第4章　我们将走向何方？

1 Stephen Jay Gould, “Evolution as Fact and Theory,” in *Hen's Teeth and Horse's Toes: Further Reflections in Natural History* (New York: W.W. Norton and Co., 1983), 254.

2 下一代科学标准参见网站：https://www.nextgenscience.org/ and the College, Career and Civic Live (C3) Framework for Social Studies State Standards at https://www.socialstudies.org/c3.

3 Arthur Levine, “Educating School Teachers,” The Education Schools Project (2006)。可以在网站http://edschools.org/pdf/Educating_Teachers_Exec_Summ.pdf上获取。

4 有关这些挑战的详细信息，请参见*The Mirage: Confronting the Hard Truth About Our Quest for Teacher Development*, The New Teacher Project (TNTP), August 4, 2015。可以在https://tntp.org/assets/documents/TNTP-Mirage_2015.pdf上获取。

5 Teachers Pay Teachers（https://www.teacherspayteachers.com/）是一个提供由数百万教师开发的免费或低价的教育资源的在线市场。

· 延伸阅读

哲 学

Gottlieb, Anthony. *The Dream of Reason: A History of Western Philosophy from the Greeks to the Renaissance*. New York: W.W. Norton & Co., 2016 ——从前苏格拉底时期到中世纪末期，一本通俗易懂、生动活泼的西方哲学研究。

Gottlieb, Anthony. *The Dream of Enlightenment: The Rise of Modern Philosophy*. New York: Liveright Publishing Corp., a Division of W. W. Norton & Co., 2017 ——戈特利布哲学史研究的第二卷，内容一直延续到近代早期。

"History of Philosophy without Any Gaps"——一个雄心勃勃的播客系列，按时间顺序讲述西方哲学的发展，可在网站https://historyofphilosophy.net/上获取。

"Masters of Greek Thought: Plato, Socrates, and Aristotle"——关于西方古典哲学中三位最伟大的人物的音频或视频课程，由波士顿学院的罗伯特·C. 巴特利特（Robert C. Bartlett）教授讲授，请访问网站：https://www.thegreatcourses.com/courses/masters-of-greek-thought-plato-socrates-and-aristotle.html。

Menand, Louis. *The Metaphysical Club: A Story of Ideas in America*. New York: Farrar, Straus and Giroux, 2007——获得普利策奖的美国思想史研究，包括

实用主义哲学学派的发展。

"Partially Examined Life"——这个播客让听众有机会听到一群哲学家通过讨论和辩论各种哲学读物和主题来"做"哲学，可以在网站https://partiallyexaminedlife.com/上获取。

Wi-Phi Open Access Philosophy——这是一个包含数百个关于哲学各个方面的教学视频的免费资源，包括了关于推理形式、谬误和认知偏见的批判性思维课程，可在网站www.wi-phi.com上获取。

科学史

Alioto, Anthony. *A History of Western Science*. Pearson, 1992——从古代到现代的科学史概览。

Kuhn, Thomas S. *The Structure of Scientific Revolutions*. Chicago: Chicago University Press, 1962——对科学文化的开创性分析，将该领域视为通过一系列不同的范式的转移，提供了一种理解世界的不同方式。

"Redefining Reality"——音频或视频课程，讨论物理学、生物学和心理学的发现如何影响我们看待宇宙的方式，由盖茨堡学院的史蒂芬·金贝尔（Steven Gimbel）教授讲授，请访问网站：https://www.thegreatcourses.com/courses/philosophy-intellectual-history/redefining-reality-the-intellectual-implications-of-modern-science.html。

教育与儿童发展

Graham, Patricia. *Schooling America: How the Public Schools Meet the Nations Changing Needs*. New York: Oxford University Press, 2007——追溯了不同阶段或"时代"的美国公共教育系统历史。

Jensen, Francis E, and Amy Ellis Nutt. *The Teenage Brain: A Neuroscientist's Survival Guide to Raising Adolescents and Young Adults*. New York: Harper, 2015——通过分析年轻人的大脑如何成长和变化来指导儿童发展。

"Theories of Human Development"——关于儿童发展理论历史的音频或视频课程，由布兰迪斯大学的马尔科姆·W. 沃森（Malcolm W. Watson）教授讲授，信息请访问网站：https://www.thegreatcourses.com/courses/theories-of-human-development.html。

逻辑与论证

"Argumentation: The Study of Effective Reasoning"——关于逻辑论证和推理技巧的音频或视频课程，由西北大学的大卫·扎雷夫斯基（David Zarefsky）教授讲授，信息请访问网站：https://www.thegreatcourses.com/courses/argumentation-the-study-of-effective-reasoning-2nd-edition.html。

E. J. Lemmon, *Beginning Logic*. Cambridge, MA: Hackett Publishing Company, 1978——一本介绍几种逻辑系统的通俗易懂的教科书。

Changingminds.org. "Lists of Fallacies." Accessed November 12, 2018. http://changingminds.org/disciplines/argument/fallacies/fallacies_alpha.htm——按字母顺序列出了一百多个形式谬误与非形式谬误的定义和例子。

"Think Again"——由杜克大学教授沃尔特·辛诺特-阿姆斯特朗（Walter Sinnot-Armstrong）和拉姆·奈塔（Ram Neta）教授讲授的课程，分为四个部分，可从网站www.coursera.org上获取。

ThinkerAnalytix——为有兴趣学习论证图解的教师和学生提供的教育资源，请访问网站：https://thinkeranalytix.org。

修辞学

Harris, Robert A. *A Handbook of Rhetorical Devices*. January 13, 2013. Accessed November 12, 2018. https://www.virtualsalt.com/rhetoric.htm——有对数十种修辞手段的解释，并用多个例子进行说明。

Heinrichs, Jay. *Thank You for Arguing: What Aristotle, Lincoln, and Homer Simpson Can Teach Us about the Art of Persuasion*. New York: Three Rivers Press, 2013——一个有趣又实用的说服性沟通技艺现代指南。

信息素养

Information Literacy competency standards developed by the American Library Association（ALA）, available at http://www.ala.org/Template.cfm?Section=Home&template=/ContentManagement/ContentDisplay.cfm&ContentID=33553.

Project Information Literacy——一个提供信息素养主题的资源和原始研究的非营利性组织，请访问网站：https://www .projectinfolit.org。

关于第3章提到的批判性思维评估的信息

加州批判性思维能力测试，请访问网站：https://www.insightassessment.com/Products/Products-Summary/Critical-Thinking-Skills-Tests/California-Critical-Thinking-Skills-Test-CCTST。

加州批判性思维倾向量表，请访问网站：https://www.insightassessment.com/Products/Products-Summary/Critical-Thinking-Attributes-Tests/California-Critical-Thinking-Disposition-Inventory-CCTDI。

大学学习评估（CLA and CLA+），请访问网站：https://cae.org。

康奈尔批判性思维测验，请访问网站：https://www.criticalthinking.com/cornell-critical-thinking-test-level-z.html。

恩尼斯-威尔批判性思维作文测验，请访问网站：http://www.academia.edu/1847582/The_Ennis-Weir_Critical_Thinking_Essay_Test_An_Instrument_for_Teaching_and_Testing。

赫尔彭批判性思维评估，请访问网站：https://sites.google.com/site/dianehalperncmc/home/research/halpern-critical-thinking-assessment。

沃森-格拉泽批判性思维评估，请访问网站：https://us.talentlens.com/store/ustalentlens/en/Store/Ability/Watson-Glaser-Critical-Thinking-Appraisal-III/p/100001976.html。

其他一般批判性思维资源

批判性思考者学院

哲学家凯文·德拉普兰特关于批判性思维的视频教学，请访问网站：https://criticalthinkeracademy.com。

Haber, Jonathan. *Critical Voter: Using the Next Election to Make Yourself (and Your Kids) Smarter*. Lexington, MA: Degree of Freedom, 2016——作者关于利用选举政治来教授批判性思维技能的书。书籍章节和教育资源请访问网站：www.criticalvoter.com。

·索　引*

A

* 所标页码均为原书页码，请参考本书边码使用。

E

F

G

H

I

N

Q

R

S

T

U

V

W

图书在版编目（CIP）数据

批判性思维：如何教授与养成 /（美）乔纳森·哈伯著；王聚译. — 北京：商务印书馆, 2025. —（交界译丛）. — ISBN 978 - 7 - 100 - 25243 - 0

Ⅰ. B80

中国国家版本馆CIP数据核字第2025R8N759号

批 判 性 思 维

如何教授与养成

〔美〕乔纳森 · 哈伯 著

王 聚 译

商 务 印 书 馆 出 版

（北京王府井大街36号 邮政编码 100710）

商 务 印 书 馆 发 行

山西人民印刷有限责任公司印刷

ISBN 978 - 7 - 100 - 25243 - 0

2025年8月第1版　　开本 889×1194 1/32

2025年8月第1次印刷　　印张 7½

定价：66.00元